中国式现代化"六观"丛书
丛书主编　姜　辉

中国式现代化的
价值观

冯颜利　等
／
著

重庆出版集团　重庆出版社

图书在版编目(CIP)数据

中国式现代化的价值观 / 龚云等著. —重庆：重庆出版社, 2023.12
ISBN 978-7-229-18092-8

Ⅰ.①中… Ⅱ.①龚… Ⅲ.①社会主义核心价值观—研究—中国 Ⅳ.①D616

中国国家版本馆CIP数据核字(2023)第192103号

中国式现代化的价值观
ZHONGGUOSHI XIANDAIHUA DE JIAZHIGUAN
龚 云 冯颜利 等著

责任编辑：林 郁 谭翔鹏
责任校对：刘小燕
装帧设计：刘沂鑫

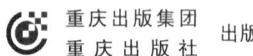
重庆出版集团
重庆出版社 出版

重庆市南岸区南滨路162号1幢 邮政编码：400061 http://www.cqph.com
重庆出版社艺术设计有限公司制版
重庆恒昌印务有限公司印刷
重庆出版集团图书发行有限公司发行
E-MAIL：fxchu@cqph.com 邮购电话：023-61520646
全国新华书店经销

开本：787mm×1092mm 1/16 印张：13.5 字数：153千
2023年12月第1版 2023年12月第1次印刷
ISBN 978-7-229-18092-8
定价：47.00元

如有印装质量问题，请向本集团图书发行有限公司调换：023-61520678

版权所有　侵权必究

中国式现代化"六观"丛书
编委会

主　编 姜　辉
副主编 曹清尧　曾维伦　马然希　陈兴芜
编　委（以姓氏笔画排序）

田鹏颖　冯颜利　李　斌　别必亮　辛向阳
宋月红　张小平　张永生　张永和　林建华
周　进　徐久清　龚　云

为世界现代化理论与实践创新提供中国智慧

——中国式现代化"六观"的独特价值与贡献

姜 辉

概括提出并深入阐述中国式现代化理论,是我们党的重大理论创新,是科学社会主义的最新重大成果,极大丰富和发展了世界现代化理论。中国式现代化的成功开辟,走出了人类现代化历史上前所未有的新路,为世界各国提供了全新选择,这是人类发展历史上具有划时代意义的重大事件。中国式现代化对于世界现代化理论与实践创新的重大价值,对于人类社会发展的重大意义,会随着实践发展和时间推移越来越显现出来。

只有民族的才是世界的,只有引领时代才能走向世界。正如习近平总书记指出的:"中国式现代化,深深植根于中华优秀传统文化,体现科学社会主义的先进本质,借鉴吸收一切人类优秀文明成果,代表人类文明进步的发展方向,展现了不同于西方现代化模式的新图景,是一种全新的人类文明形态。中国式现代化,打破了'现代化=西方化'的迷思,展现了现代化的另一幅图景,拓展了发展中国家走向现代化的路径选择,为人类对更好社会制度的探索提供了中国方案。"①实践证明，中国式现代化走得通、行得稳，是强国建设、民族复兴的必由之路，是促进世界发展进步、为人类文明作出更大贡献的伟大创造。

一

实现现代化是近代以来中国人民矢志奋斗的梦想。中国共产党百余年来团结带领中国人民追求民族复兴的历史，也是一部不断探索现代化道路的历史。在新中国成立以来，特别是改革开放以来长期探索和实践基础上，经过党的十八大以来在理论和实践上的创新突破，中国共产党成功推进和拓展了中国式现代化。中国式现代化走出了人类历史上史无前例的实现现代化的新路，具有鲜明特征和独特优势。中国式现代化，是人口规模巨大的现代化，是全体人民共同富裕的现代化，是物质文明和精神文明相协调的现代化，是人与自然和谐共生的现代化，是走和平发展道路的现代化。中国式现代化切合中国实际，既体现了社会主义建设规律，也体现了人类社会发展规律。

一是充分发挥中国共产党领导和中国特色社会主义制度的显著优势。习近平总书记指出："'中国式现代化，是中国共产党领导的社会主义现代化。'这是对中国式现代化定性的话，是管总、管根本的。"②中国特色社会主义最本质的特征是中国共产党领导，中国特色社会主义制度的最大优势是中国共产党领导。党

---

① 《习近平在学习贯彻党的二十大精神研讨班开班式上发表重要讲话强调　正确理解和大力推进中国式现代化》，《人民日报》2023年2月8日。
② 习近平：《中国式现代化是中国共产党领导的社会主义现代化》，《求是》2023年第11期。

的领导直接关系中国式现代化的根本方向、前途命运、最终成败。中国共产党的领导和中国特色社会主义制度超越了西方关于市场与政府、国家与社会、集中权威与民主自由、公共领域与私人领域等机械的对立两分，形成了经济快速发展、社会和谐稳定、改革活力充沛等显著优势。这种优势不仅为如何实现现代化提供了成功经验，而且与一些发展中国家在现代化进程中遭遇的政治混乱和社会动荡形成了强烈而鲜明的对比。中国式现代化，从中国特殊的历史、国情和文化出发，注重发挥社会主义制度能够集中力量办大事的政治优势，调动一切积极因素，形成实现现代化的共同意志、共同目标、共同行动。无论是建立独立的比较完整的工业体系和国民经济体系，还是独立自主研制出"两弹一星"；无论是应对现代化进程中的一系列重大风险挑战，还是完成脱贫攻坚的艰巨任务，无不需要发挥举国体制优势，无不需要确保全国上下步调一致、集中力量、协同攻关。我们党坚持和完善中国特色社会主义制度，不断推进国家治理体系和治理能力现代化，为中国式现代化稳步前行提供了坚强的制度保证。

二是以实现人的全面发展和全体人民共同富裕为现实目标。习近平总书记强调："我们追求的发展是造福人民的发展，我们追求的富裕是全体人民共同富裕。"[①]中国式现代化是全体人民共同富裕的现代化，这是中国式现代化区别于西方现代化的显著标志。西方现代化的最大弊端，就是以资本为中心而不是以人民为中心，追求资本利益最大化而不是服务绝大多数人的利益，导致社会鸿沟拉大、两极分化严重、阶层凝滞固化。中国共产党坚持把人民对美好生活的向往作为奋斗目标，坚持以人民为中心的发展思想，着力保障和改善民生，让中国式现代化建设成果更多更

---

① 习近平：《在中共中央召开的党外人士座谈会上的讲话》，《人民日报》2015年10月31日。

公平地惠及全体人民，坚决防止两极分化。不断创造人民美好生活、逐步实现全体人民共同富裕，是新时代中国特色社会主义的鲜明特征。党的二十大明确了到2035年基本实现社会主义现代化时，人的全面发展、全体人民共同富裕取得更为明显的实质性进展。把全体人民共同富裕作为建设社会主义现代化强国的重要内容，是中国式现代化先进性和优越性的重要体现。

三是走和平发展道路，既发展自身又造福世界。习近平总书记指出："中国共产党坚持一切从实际出发，带领中国人民探索出中国特色社会主义道路。历史和实践已经并将进一步证明，这条道路，不仅走得对、走得通，而且也一定能够走得稳、走得好。我们将坚定不移沿着这条光明大道走下去，既发展自身又造福世界。"①中国共产党始终坚决反对帝国主义、殖民主义、霸权主义和强权政治，反对不平等的国际政治秩序，始终与广大发展中国家站在一起。新中国成立70多年来，中国没有主动挑起过任何一场战争和冲突，没有侵占过别国一寸土地，是唯一将和平发展写入宪法和执政党党章、上升为国家意志的大国。而西方国家的现代化，充满战争、贩奴、殖民、掠夺等血腥罪恶，给广大发展中国家带来深重苦难。中华民族经历了西方列强侵略、凌辱的悲惨历史，深知和平的宝贵，决不可能也决不会重复西方国家的老路。无数事实表明，中国式现代化道路完全超越"国强必霸"逻辑和"修昔底德陷阱"对抗，完全不同于资本主义国家的那种通过"血与火""剑与枪"的殖民掠夺和侵略战争手段开拓的现代化道路。

总之，中国式现代化是物质文明、政治文明、精神文明、社

---

① 习近平：《加强政党合作 共谋人民幸福——在中国共产党与世界政党领导人峰会上的主旨讲话》，《人民日报》2021年7月7日。

会文明和生态文明协调发展的现代化,创造了人类文明新形态。中国式现代化道路的成功开辟,不仅为人类提供了一条现代化崭新道路、模式和方案,而且为人类文明发展进步作出了重大贡献。

二

习近平总书记指出:"中国式现代化蕴含的独特世界观、价值观、历史观、文明观、民主观、生态观等及其伟大实践,是对世界现代化理论和实践的重大创新。"① 这一重大论断,从根本性、基础性、整体性、历史性上深刻揭示了中国式现代化的理念、观念、价值,以及世界观方法论,展现了中国式现代化不同于西方现代化模式的新内容、新特征、新图景。

中国式现代化蕴含的独特"六观",是对西方现代化理论和实践的重大超越。从根本上说,西方现代化由于受资本主义制度及其基本矛盾的根本性局限,无法克服资本至上、弱肉强食、两极分化、霸道强权的本性和固有弊端。而中国式现代化在世界观、价值观、历史观、文明观、民主观、生态观上对西方现代化的超越,为世界现代化理论和实践创新作出了原创性贡献。比如,中国式现代化形成了人类命运与共、和平发展、合作共赢的世界观,在坚持维护世界和平与发展中谋求自身发展,又以自身发展更好维护世界和平与发展,倡导和平、发展、公平、正义、民主、自由的全人类共同价值,推动构建人类命运共同体。比如,中国式现代化坚持以人民为中心的价值观,以实现人的自由

---

① 《习近平在学习贯彻党的二十大精神研讨班开班式上发表重要讲话强调 正确理解和大力推进中国式现代化》,《人民日报》2023年2月8日。

全面发展为最终目标，追求人民至上的价值导向，以满足人民日益增长的美好生活需要为出发点和落脚点，让现代化建设成果更多、更公平惠及全体人民，不断增强人民群众的获得感、幸福感、安全感。比如，中国式现代化坚持人类历史不断进步、最终实现人的全面发展和彻底解放的历史观，认为人类历史发展是生产力与生产关系、经济基础与上层建筑相互作用的结果，资本主义不是人类历史的"终结"，而是人类社会历史发展的特定阶段，必然被更高的社会形态所取代。中国式现代化为中华民族伟大复兴开辟了广阔前景，也为人类对更好社会制度的探索，对人类解放、"美美与共，天下大同"提供中国方案。比如，中国式现代化倡导尊重文明多样性的文明观，坚持文明平等、互鉴、对话、包容，以文明交流超越文明隔阂、文明互鉴超越文明冲突、文明包容超越文明优越，彰显了独特而鲜明的文明观，是马克思主义文明观在新时代中国的创造性展现。比如，中国式现代化坚持全过程人民民主的民主观，主张广大人民群众共同管理国家和社会事务，反对建立在资本逻辑基础之上的虚假民主，反对服务于少数有产者的民主，展现了对民主这一全人类共同价值的全新理解，超越了当代西方民主，开辟了人类政治文明发展新境界。比如，中国式现代化坚持人与自然和谐共生的生态观，倡导尊重自然、顺应自然、保护自然，反对只讲索取不讲投入、只讲发展不讲保护、只讲利用不讲修复，深化了对生态文明发展规律的认识，继承和创新了马克思主义人与自然关系理论，极大丰富和拓展了马克思主义自然观和生态观。总之，中国式现代化蕴含的这些内涵丰富、内蕴深刻的理念观念和价值追求，集中彰显了中国式现代化的鲜明特征和独特优势，也为世界现代化理论和实践的重大创新提供了中国智慧和中国方案。

三

为帮助广大读者全面准确把握中国式现代化蕴含的独特世界观、价值观、历史观、文明观、民主观、生态观及其伟大实践，我们策划出版了"中国式现代化'六观'"丛书，从六个主题出发，也是从六个维度分别侧重研究中国式现代化，同时又形成密切联系、相互贯通的整体学理阐述，旨在讲清楚中国式现代化的理论和实践创新，讲清楚其鲜明特征、独特优势和重要价值、重大贡献，兼顾学理性和通识性，既是学术探讨，也是理论读物。

这套丛书具有鲜明特点。一是注重科学性。坚持唯物史观和大历史观，论从史出，史论结合，保证理论阐释的严谨性和史实叙述的准确性。二是注重权威性。坚持正确的政治方向、学术导向、价值取向，依据权威史料，传播富有说服力和感染力的中国理论、中国理念、中国价值。三是注重实践性。坚持解放思想、实事求是、守正创新，着眼于解决新时代改革开放和社会主义现代化建设的实际问题，得出符合客观规律的科学认识。四是注重前沿性。聚焦党和国家事业发展的重点、热点、焦点问题，深刻回答中国之问、世界之问、人民之问、时代之问，反映研究最新动态。五是注重创新性。在理论阐释、史料运用或历史叙事方面有新意，既把握宏观、讲清过程，又阐述经验、揭示规律。六是注重鲜活性。以精练适当的篇幅、通俗易懂的语言、鲜活生动的案例，向广大读者说清讲透中国式现代化蕴含的独特"六观"的深刻内涵和重大意义。

这套丛书具有重要的政治意义和理论价值。党的十八大以来,习近平总书记围绕中国式现代化发表一系列重要论述,立意高远,内涵丰富,思想深刻,进一步深化对中国式现代化的内涵和本质的认识,概括形成中国式现代化的中国特色、本质要求和重大原则,构建起中国式现代化的理论体系,使中国式现代化的图景更加清晰、更加科学、更加可感可行,对于深入研究、阐发中国式现代化理论具有十分重要的指导意义。这套丛书通过理论层面阐释中国式现代化蕴含的独特"六观",有助于在生动的中国式现代化实践中构建出系统的理论图景,有助于体系化、整体化把握中国式现代化理论,有助于增进对党的创新理论的政治认同、思想认同、理论认同、情感认同。

这套丛书也具有重要的实践意义和现实价值。党的二十大明确指出,从现在起,中国共产党的中心任务就是团结带领全国各族人民全面建成社会主义现代化强国、实现第二个百年奋斗目标,以中国式现代化全面推进中华民族伟大复兴。全党要坚持党的基本理论、基本路线、基本方略不动摇,坚定道路自信、理论自信、制度自信、文化自信,坚持独立自主、自力更生,坚持道不变、志不改,既不走封闭僵化的老路,也不走改旗易帜的邪路,坚定不移走好自己的路,心无旁骛做好自己的事,坚持把国家和民族发展放在自己力量的基点上,坚持把中国发展进步的命运牢牢掌握在自己手中。这套丛书有助于从多维角度展现以中国式现代化全面推进中华民族伟大复兴的伟大实践,着重论述阐释中国式现代化基于我国国情的鲜明特色、独特优势和实践要求,有助于增强人们在党的领导下坚定不移走中国式现代化道路的自觉自信,坚定不移沿着中国式现代化道路奋勇开拓前进。

目 录

为世界现代化理论与实践创新提供中国智慧
——中国式现代化"六观"的独特价值与贡献　姜　辉 /1

导　论
中国式现代化蕴含独特的价值观 /1
一、中国共产党百年艰苦探索的结果 /5
二、中国式现代化价值观的丰富内核 /8
三、中国式现代化价值观的重大意义 /12

第一章
植根中华优秀传统文化 /23
一、民本思想 /26
（一）贯穿中华文明始终 /26
（二）改造传统民本思想 /31
二、大同理想 /35
（一）中华民族千年追求 /35

（二）建设社会主义社会 /39

三、均平思想 /42

（一）等贵贱 /43

（二）均贫富 /47

第二章
体现科学社会主义价值观主张 /53

一、人的全面发展 /55

二、人民民主 /61

三、共同富裕 /66

四、人靠自然界生活 /72

第三章
彰显社会主义核心价值观 /79

一、整体迈进现代化 /82

二、全体人民共同富裕 /86

三、物质文明和精神文明协调发展 /91

四、人与自然和谐共生 /96

五、走和平发展道路 /99

第四章
弘扬全人类共同价值 /103

一、贯穿中国式现代化理论与实践 /105
（一）和平与发展：中国式现代化理论与实践的价值追求 /105
（二）公平与正义：中国式现代化理论与实践的价值评判 /108
（三）民主与自由：中国式现代化理论与实践的价值旨归 /111

二、践行全球安全、发展、文明倡议 /113
（一）践行全球安全倡议 /114
（二）践行全球发展倡议 /116
（三）践行全球文明倡议 /118

三、构建人类命运共同体 /121
（一）把握内涵，清晰价值 /122
（二）构建理论，弘扬价值 /123
（三）构建实践，彰显价值 /125
（四）构建拓展，升华价值 /129

四、"普世价值"是个伪命题 /131
（一）关于"普世价值"的内涵 /131
（二）关于"普世价值"的虚伪性 /133
（三）在反对西方"普世价值"中阐扬中国式现代化蕴含的价值观 /136

第五章
引领世界现代化 /141

一、引领中国式现代化 /143

（一）不断满足人民对美好生活的需要 /143

（二）推动中国式现代化沿着社会主义方向发展 /151

二、推动人类进步发展 /168

（一）拓展发展中国家走向现代化的途径 /168

（二）推进世界社会主义发展 /177

（三）为创造人类新文明作贡献 /185

后　记 /196

导 论

中国式现代化蕴含独特的价值观

价值观是人们在长期社会实践活动中形成的关于价值的根本观点、看法和态度，表现为人们的价值信仰、信念、理想，以及价值原则和价值规范。

价值观念在一定社会的文化中是起中轴作用的，文化的影响力首先是价值观念的影响力。世界上各种文化之争，本质上是价值观念之争，也是意识形态之争，正所谓"一时之强弱在力，千古之胜负在理"。正如习近平总书记在十八届中央政治局第十三次集体学习时的讲话中指出的那样，任何一个社会都存在多种多样的价值观念和价值取向，要把全社会意志和力量凝聚起来，必须有一套与经济基础和政治制度相适应、并能形成广泛社会共识的核心价值观。否则，一个民族就没有赖以维系的精神纽带，一个国家就没有共同的思想道德基础。培育和弘扬核心价值观，有效整合社会意识，是社会系统得以正常运转、社会秩序得以有效维护的重要途径，也是国家治理体系和治理能力的重要方面。①

历史和现实都表明，核心价值观是一个国家的重要稳定器，能否构建具有强大感召力的核心价值观，关系社会和谐稳定，关系国家长治久安。②习近平总书记强调："人类社会发展的历史表明，对一个民族、一个国家来说，最持久、最深层的力量是全社会共同认可的核心价值观。核心价值观，承载着一个民族、一个国家的精神追求，体现着一个社会评判是非曲直的价值标准。"③

核心价值观是一个民族赖以维系的精神纽带，是一个国家共同的思想道德基础。如果没有共同的核心价值观，一个民族、一个国家就会魂无定所、行无依归。为什么中华民族能够在几千年

---

① 《习近平关于社会主义文化建设论述摘编》，中央文献出版社2017年版，第106页。
② 《习近平关于社会主义文化建设论述摘编》，中央文献出版社2017年版，第106页。
③ 《习近平关于社会主义文化建设论述摘编》，中央文献出版社2017年版，第112页。

的历史长河中生生不息、薪火相传、顽强发展呢？很重要的一个原因就是中华民族有一脉相承的精神追求、精神特质、精神脉络。①因此，做好各项工作，必须有强大的价值引导力、文化凝聚力、精神推动力的支撑，加强文化建设要有主心骨，社会主义核心价值观要广泛宣传教育、广泛探索实践，使社会主义核心价值观成为引导人们前进的强大精神动力。②

每个时代都有每个时代的精神，每个时代都有每个时代的价值观念。国有四维，礼义廉耻，"四维不张，国乃灭亡"。这是中国先人当时的价值观。在当代中国，我们的民族、我们的国家应该坚守什么样的核心价值观？这个问题，是一个理论问题，也是一个实践问题。经过反复征求意见，综合各方面认识，我们提出要倡导富强、民主、文明、和谐，倡导自由、平等、公正、法治，倡导爱国、敬业、诚信、友善，积极培育和践行社会主义核心价值观。③

社会主义核心价值观是凝聚人心、汇聚民力的强大力量，明确写入了党的二十大报告。国无德不兴，人无德不立。如果一个民族、一个国家没有共同的核心价值观，莫衷一是，行无依归，那这个民族、这个国家就无法前进。

现代化的过程就是一个社会转型的过程，核心就是价值观的转型。中国式现代化本质是中国共产党领导的社会主义现代化，中国式现代化蕴含的独特价值观就是指引中国式现代化方向的核心价值观，决定中国式现代化的性质和方向，本质是社会主义价值观。

---

① 《习近平关于社会主义文化建设论述摘编》，中央文献出版社2017年版，第124—125页。
② 《习近平关于社会主义文化建设论述摘编》，中央文献出版社2017年版，第126页。
③ 《习近平关于社会主义文化建设论述摘编》，中央文献出版社2017年版，第113页。

一、中国共产党百年艰苦探索的结果

中国式现代化的价值观是中国共产党领导全国各族人民,在社会主义大道上,在长期探索和实践中,历经千辛万苦、付出巨大代价取得的重大成果。

实现现代化,是自近代以来世界各国的共同梦想。鸦片战争以来,在外国列强入侵和清王朝的封建腐朽统治下,中国错失了工业革命的历史机遇,大幅落后于时代,中华民族也遭受了前所未有的沉重苦难。鸦片战争以后,中国人民和无数仁人志士不屈不挠,苦苦寻求中国现代化的前进道路。新中国成立前所进行的诸多现代化实践,本质上是学习西方资本主义的现代化。历史深刻证明了资本主义现代化道路在中国走不通。探索中国现代化道路的重任,落在了中国共产党身上。中国共产党建立百年来,团结带领中国人民所进行的一切奋斗,就是为了把中国建设成为社会主义现代化强国,实现中华民族伟大复兴。中国共产党经过百年探索,把马克思主义基本原理同中国具体实际相结合、同中华优秀传统文化相结合,探索出中国式现代化的实践路径。在探索中国式现代化过程中,中国共产党始终坚持正确的价值取向,由此形成了中国式现代化的价值观。

中国共产党在探寻中国式现代化的价值观的过程中,立足于吸收中华优秀传统文化的鲜明立场。习近平总书记指出:"培育和弘扬社会主义核心价值观必须立足中华优秀传统文化。牢固的核心价值观,都有其固有的根本。抛弃传统、丢掉根本,就等于割断了自己的精神命脉。对我们来说,博大精深的中华优秀传统文化是我们在世界文化激荡中站稳脚跟的根基。"①"中华文明绵延数千年,有其独特的价值体系。中华优秀传统文化已经成为中华民族的基因,植根在中国人内心,潜移默化影响着中国人的思想方式和行为方式。今天,我们提倡和弘扬社会主义核心价值观,必须从中汲取丰富营养,否则就不会有生命力和影响力。""我们生而为中国人,最根本的是我们中国人的独特精神世界,有百姓日用而不觉的价值观。我们提倡的社会主义核心价值观,就充分体现了对中华优秀传统文化的传承和升华。"②

党的二十大报告指出,坚持和发展马克思主义,必须同中华优秀传统文化相结合。只有植根本国、本民族历史文化沃土,马克思主义真理之树才能根深叶茂。中华优秀传统文化源远流长、博大精深,是中华文明的智慧结晶,其中蕴含的天下为公、民为邦本、为政以德、革故鼎新、任人唯贤、天人合一、自强不息、厚德载物、讲信修睦、亲仁善邻等价值理念,是中国人民在长期生产生活中积累的宇宙观、天下观、社会观、道德观的重要体现,同科学社会主义价值观主张具有高度契合性。中国共产党在探索中国式现代化的进程中,将马克思主义的价值观与中华优秀传统价值观相结合,不断实现中华优秀传统价值观的创新性发展和创造性转化。

中国共产党探索中国式现代化的价值观经历了百年的历程。新民主主义革命时期,中国共产党认识到近代中国发展进程的滞后因素,阻碍现代化,主要原因是民族不独立,人民没有权力。为此,中国共产党团结带领人民,浴血奋战、百折不挠,经过北伐战争、土地革命战争、抗日战争、解放战争,成功推翻帝国主

---

① 《习近平关于社会主义文化建设论述摘编》,中央文献出版社2017年版,第107—108页。
② 《习近平关于社会主义文化建设论述摘编》,中央文献出版社2017年版,第116页。

义、封建主义、官僚资本主义三座大山,建立了人民当家作主的中华人民共和国,实现了民族独立、人民解放,为实现中国式现代化创造了根本社会条件,为贯彻落实中国式现代化的价值观的发展理念提供了一个和平的稳定的社会环境。

新中国成立后,中国共产党认识到资本主义现代化行不通,要想让人民共享现代化的成果、实现人的全面发展,必须走社会主义现代化道路,团结带领中国人民进行社会主义革命,消灭在中国延续几千年的封建制度,确立社会主义基本制度,实现了中华民族有史以来最为广泛而深刻的社会变革,建立起了独立的且比较完整的工业体系和国民经济体系。社会主义革命和建设取得了独创性理论成果和巨大实践成就,为现代化建设奠定根本政治前提和扎实物质基础,同时亦积累了宝贵理论经验,逐步推进中国式现代化的价值观的实现。

改革开放和社会主义建设新时期,中国共产党认识到实现中国式现代化必须充分调动人民主体积极性,于是作出把党和国家工作中心转移到经济建设上来、实行改革开放的历史性决策,大力推进实践基础上的理论创新、制度创新、文化创新以及其他各方面创新,实行社会主义市场经济体制,实现了从生产力相对落后的状况到经济总量跃居世界第二的历史性突破,实现了人民生活从温饱不足到总体小康、奔向全面小康的历史性跨越。这一系列的历史性成就,为中国式现代化提供了充满新的活力的体制保证和快速发展的物质条件,为中国式现代化价值观的实现提供了体制保证和物质基础。

党的十八大以来,中国共产党总结自身探索现代化的经验教训,在已有基础上继续前进,不断实现理论和实践上的创新突破,成功推进和拓展了中国式现代化:在认识上不断深化,创立了习近平新时代中国特色社会主义思想，实现了马克思主义中国化时代化新的飞跃，为中国式现代化提供了根本遵循，深化对中国式现代化的内涵和本质的认识，概括形成中国式现代化的中国特色、本质要求和重大原则，初步构建中国式现代化的理论体系，使中国式现代化的发展理路更加清晰、更加科学、更加可感可行。在战略上不断完善，深入实施科教兴国战略、人才强国战略、乡村振兴战略等一系列重大战略举措，为中国式现代化提供坚实战略支撑。在实践上不断丰富，推进一系列变革性实践、实现一系列突破性进展、取得一系列标志性成果，推动党和国家事业取得历史性成就、发生历史性变革，特别是消除了绝对贫困问题；全面建成小康社会，为中国式现代化提供了更为完善的制度保证、更为坚实的物质基础、更为主动的精神力量，进而明确提出中国式现代化的价值观。经过中国共产党100多年的实践探索，形成了中国式现代化蕴含的独特价值观。

二、中国式现代化价值观的丰富内核

中国式现代化的价值观，是中国共产党创造的中国式现代化的根本价值取向，具有丰富内涵。

坚持人民至上，是中国式现代化的根本价值立场，也是其价值观的精髓。毛泽东指出："为什么人的问题，是一个根本的问题，原则的问题。"①习近平总书记指出："现代化的本质是人的现代化。"②

---

① 《毛泽东选集》第3卷，人民出版社1991年版，第857页。
② 《十八大以来重要文献选编（上）》，中央文献出版社2014年版，第594页。

"现代化的最终目标是实现人自由而全面的发展"①。"为什么人"的问题，是最根本的价值立场和价值原则问题，贯穿于价值观的始终，决定着价值观的性质。人民性是马克思主义的本质属性。坚持人民至上，体现了党的理想信念、性质宗旨、初心使命，是对党的奋斗历程和实践经验的深刻总结，也是中国共产党探索中国式现代化的出发点和落脚点，反映了中国式现代化的根本价值取向。

人民是历史的主体，是历史的创造者，这是历史唯物主义的基本原理，为坚持人民至上这一价值原则提供了理论基石。中国式现代化强调坚持人民至上，就要坚持人民是现代化的目的，中国式现代化本质是中国人民的现代化，一切为了人民，发展为了人民。在实现现代化的过程中，要把人民放最高位置，一切从人民利益出发，把实现人民幸福作为现代化的最终目标。坚持人民至上，就要坚持人民是现代化的主体，现代化要依靠人民。人民群众有着无穷尽的智慧和力量，要尊重和发挥人民首创精神，紧紧依靠人民推动现代化。坚持人民至上，就要坚持一切造福人民，现代化成果由人民共享。要不断提高现代化成果分享的公平性，扎实推进全体人民共同富裕，不断促进人的自由全面发展。坚持人民至上，就要坚持人民是英雄，一切向人民学习，牢牢根植人民。要拜人民为师、向人民学习，不断丰富扎根人民、服务人民的现代化理论，并用以指导新的现代化实践，让中国式现代化理论展现更加强大的真理力量。

彰显社会主义核心价值观，体现了社会主义价值目标和价值规范的统一。中国式现代化的价值观的社会性质是社会主义，本质是社会主义价值观，是对资本主义价值观的扬弃。马克思指出，在资本主义社会，"自由这一人权不是建立在人与人相结合

---

① 习近平：《携手同行现代化之路》，《人民日报》2023年3月16日。

的基础上，而是相反，建立在人与人相分隔的基础上。这一权利就是这种分隔的权利，是狭隘的、局限于自身的个人的权利。自由这一人权的实际应用就是私有财产这一人权"①。资本主义现代化的价值观是对劳动人民的压制和剥削。"工人生产的财富越多，他的产品的力量和数量越大，他就越贫穷。工人创造的商品越多，他就越变成廉价的商品。物的世界的增值同人的世界的贬值成正比。"②解决的办法，就是"社会从私有财产等等解放出来，从奴役制解放出来，是通过工人解放这种政治形式来表现的，这并不是因为这里涉及的仅仅是工人的解放，而是因为工人的解放还包含普遍的人的解放；其所以如此，是因为整个的人类奴役制就包含在工人对生产的关系中，而一切奴役关系只不过是这种关系的变形和后果罢了"③。"代替那存在着阶级和阶级对立的资产阶级旧社会的，将是这样一个联合体，在那里，每个人的自由发展是一切人的自由发展的条件。"④"将给所有的人提供健康而有益的工作，给所有的人提供充裕的物质生活和闲暇时间，给所有的人提供真正的充分的自由。"⑤

中国式现代化的价值观是中国共产党在社会主义大道上探索中国式现代化中形成的，反映了社会主义核心价值观。"富强、民主、文明、和谐是国家层面的价值要求，自由、平等、公正、法治是社会层面的价值要求，爱国、敬业、诚信、友善是公民层面的价值要求。这个概括，实际上回答了我们要建设什么样的国家、建设什么样的社会、培育什么样的公民的重大问题。"⑥"中

---

① 《马克思恩格斯全集》第3卷，人民出版社2002年版，第183页。
② 《马克思恩格斯全集》第3卷，人民出版社2002年版，第267页。
③ 《马克思恩格斯全集》第3卷，人民出版社2002年版，第278页。
④ 《马克思恩格斯文集》第2卷，人民出版社2009年版，第53页。
⑤ 《马克思恩格斯全集》第21卷，人民出版社1965年版，第570页。
⑥ 《习近平关于社会主义文化建设论述摘编》，中央文献出版社2017年版，第114页。

国古代历来讲格物致知、诚意正心、修身齐家、治国平天下。从某种角度看,格物致知、诚意正心、修身是个人层面的要求,齐家是社会层面的要求,治国平天下是国家层面的要求。我们提出的社会主义核心价值观,把涉及国家、社会、公民的价值要求融为一体,既体现了社会主义本质要求,继承了中华优秀传统文化,也吸收了世界文明有益成果,体现了时代精神。"[①]

中国式现代化的价值观不仅彰显了社会主义的价值目标,还体现了中国人民的美好愿景,表现为社会主义的价值规范,为人们的活动提供规则、标准。这一价值观以培养担当民族复兴大任的时代新人为着眼点,深化爱国主义、集体主义、社会主义教育,通过教育引导、舆论宣传、文化熏陶、实践养成、制度保障等实践方式,使其成为全体人民的共同价值追求,成为我们生而为中国人的独特精神支柱,成为百姓日用而不觉的行为准则。广大党员干部要带头弘扬和践行中国式现代化价值观,用自己的模范行为和高尚人格感召群众、带动群众;高度重视青年学生的价值观培育,强调青年的价值取向决定了未来整个社会的价值取向,人生的扣子从一开始就要扣好,要自觉做到勤学、修德、明辨、笃实。

弘扬全人类共同价值,蕴含了"建设一个什么样的世界、如何建设世界"的价值理念。当今世界,百年变局加速演进,全球发展深层次矛盾更加突出,和平赤字、发展赤字、安全赤字、治理赤字日益加重。面对所遭遇的诸多问题和挑战,世界向何处去?我们怎么办?中国式现代化蕴含的弘扬全人类共同价值的价值理念可以为我们提供方向指引。

人类生活在同一个地球村里,越来越成为"你中有我、我中

[①]《习近平关于社会主义文化建设论述摘编》,中央文献出版社2017年版,第114页。

有你"的命运共同体,任何人、任何国家都无法独善其身。中国式现代化强调大力弘扬和平、发展、公平、正义、民主、自由的全人类共同价值,共同为建设一个更加美好的世界提供正确价值指引。全人类共同价值是新时代中国共产党人在深刻把握世界发展大势的基础上,在推进中国式现代化过程中创新性地提出的价值理念,与西方所谓的"普世价值"有着本质上的区别。和平与发展是全球的共同事业,公平正义是全球的共同理想,民主自由是全球的共同追求。全世界要朝着建设人类命运共同体的方向,做全人类共同价值的倡导者,尊重不同国家人民对价值实现路径的探索,把全人类共同价值落实到实现本国人民利益的实践中去。

中国式现代化的价值观,从价值层面有力回答了新时代的中国之问、世界之问、人民之问、时代之问,是对社会主义价值观的坚持、运用和发展,是对中华优秀传统文化的创造性转化和创新性发展,体现了真理观与价值观的统一、民族性与时代性的统一、爱国主义与胸怀天下的统一。

三、中国式现代化价值观的重大意义

中国式现代化的价值观,植根于中华优秀传统文化,是对中国优秀传统价值观的创造性发展和创新性转化,具有鲜明特征,其深刻揭示了中国式现代化的性质、方向、目标,对推进中国式现代化进程具有重大意义,体现了社会主义现代化的优越性。

价值观是人类在认识、改造自然和社会的过程中产生与发挥作用的。不同民族、不同国家由于其自然条件和发展历程不同,产生和形成的核心价值观也各有特点。一个民族、一个国家的核心价值观必须同这个民族、这个国家的历史文化相契合，同这个民族、这个国家的人民正在进行的奋斗相结合，同这个民族、这个国家需要解决的时代问题相适应。世界上没有两片完全相同的树叶。一个民族、一个国家，必须知道自己是谁，是从哪里来的，要到哪里去，想明白了、想对了，就要坚定不移朝着目标前进。习近平总书记指出："小德川流，大德敦化。中华民族为什么几千年能够生生不息、不断发展？很重要的原因是我们有以爱国主义为核心的民族精神，有一脉相承的价值追求。社会主义核心价值观决定着各民族共有精神家园的发展方向，一定要在全社会、在各民族中大力培育和践行。"[1]社会主义核心价值观传承着中国优秀传统文化的基因，寄托着近代以来中国人民上下求索、历经千辛万苦确立的理想和信念，也承载着我们每个人的美好愿景。培育和弘扬社会主义核心价值观，增强中国特色社会主义道路自信、理论自信、制度自信、文化自信，是保持民族精神独立性的重要支撑。

中国式现代化的价值观是社会主义本质的体现和要求，与西方式现代化的价值观有着本质区别。为此，要运用马克思主义立场、观点、方法去把握中国式现代化价值观和资本主义现代化价值观的本质不同。列宁指出："从马克思的理论是客观真理这一为马克思主义者所同意的见解出发，我们得出的唯一结论是，沿着马克思的理论道路前进，我们会愈来愈接近客观真理，沿着其他的道路前进，除了混乱和谬误之外，我们什么也得不到。"[2]

第一，资本主义现代化价值观具有虚假性，本质上是资产阶

---

[1]《习近平关于社会主义文化建设论述摘编》，中央文献出版社2017年版，第123—124页。
[2]《列宁选集》第2卷，人民出版社1972年版，第143页。

级利益和意志的反映。

资本主义社会的平等是虚伪的。空想社会主义者傅立叶早就指出,资本主义的法律虽然规定了人民拥有主权,但是,"与这种冠冕堂皇的权利相反,一个平民要没有一个钱在身上,他甚至一顿饭都吃不上",把写在纸上的权利"赋予那些完全没有办法实现的人,那是对他们的一种侮辱"。①"平等原则又由于被限制为仅仅在'法律上的平等'而一笔勾销了,法律上的平等就是在富人和穷人不平等的前提下的平等,即限制在目前主要的不平等的范围内的平等。简括地说,就是简直把不平等叫做平等。这样,出版自由就仅仅是资产阶级的特权,因为出版需要钱,需要购买出版物的人,而购买出版物的人也得要有钱。陪审制也是资产阶级的特权,因为他们采取了适当的措施,只选'有身份的人'做陪审员。"②

资本主义社会的民主实质是资产阶级的民主。列宁指出:"资产阶级民主由它的本性所决定的一个特点就是抽象地或从形式上提出平等问题,包括民族平等问题。资产阶级民主在个人平等的名义下,宣布有产者和无产者、剥削者和被剥削者的形式上或者法律上的平等,用这种弥天大谎来欺骗被压迫阶级。平等思想本身就是商品生产关系的反映,资产阶级借口个人绝对平等,把这种思想变为反对消灭阶级的斗争工具。要求平等的实际含义只能是要求消灭阶级。"③"只要财产还在资本家手里,任何民主都不过是披着美丽外衣的资产阶级专政。一切关于普选、全民意志、选民平等的宣传完全是骗局,因为在剥削者和被剥削者之

---

① 《傅立叶选集》第1卷,商务印书馆1959年版,第154页。
② 《马克思恩格斯全集》第2卷,人民出版社1957年版,第647—648页。
③ 《列宁专题文集(论资本主义)》,人民出版社2009年版,第252页。

间，在资本、财产的占有者和现代雇佣奴隶之间，不可能有什么平等。"①

资本主义社会的博爱是建立在个人之上的。在资本主义社会，使人"强烈地感到孤独、感到在遭受抛弃、遭受拒绝、举目无亲、浪迹人间的痛苦"②。弗洛姆认为，"人最迫切的需要是要克服孤独感，摆脱地狱般的寂寞"③。社会主义是真正的共同体，能够实现团结和真正的博爱。资本主义社会把肉体的感受性看作道德的根本原则，把个人看作中心，把人分割成孤立的原子，"爱邻人，在每一个人身上，只不过是爱自己的结果"④。资本主义社会的博爱是从自爱引申来的。卢梭指出："只要把自爱之心扩大到爱别人，我们就可以把自爱变为美德，这种美德，在任何一个个人的心中都可以找到它的根柢的。我们所关心的对象同我们愈是没有直接的关系，则我们愈不害怕受个人利益的迷惑；我们愈是使这种利益普及于别人，它就愈是公正；所以，爱人类，在我们看来就是爱正义。"⑤资本主义社会"使人和人之间除了赤裸裸的利害关系，除了冷酷无情的'现金交易'，就再也没有任何别的联系了"⑥。资本主义强调以自我为中心，"不是对邻人负责，不是同他结为一体，而是同邻人疏远和分开，它意味着尊敬邻人的权力，但不爱他"⑦。所以，"建立在资本主义社会的基础之上的原则与爱的原则，是水火不相容的"⑧。

---

① 《列宁全集》第35卷，人民出版社2017年版，第428页。
② 〔美〕马斯洛：《动机与人格》，华夏出版社1987年版，第50页。
③ 〔美〕埃·弗罗姆：《爱的艺术》，华夏出版社1987年版，第7—8页。
④ 转引自周辅成编：《西方伦理学名著选辑》下卷，商务印书馆1987年版，第64页。
⑤ 〔法〕卢梭：《爱弥儿：论教育》上卷，商务印书馆1978年版，第356页。
⑥ 《马克思恩格斯选集》第1卷，人民出版社1995年版，第275页。
⑦ 〔美〕埃·弗罗姆：《爱的艺术》，华夏出版社1987年版，第114页。
⑧ 〔美〕埃·弗罗姆：《爱的艺术》，华夏出版社1987年版，第115页。

资本主义社会的个体是克尔凯郭尔说的"孤独个体",主要原因在于经济上的个体竞争。诚如美国新精神分析学派学者卡伦·霍妮指出的,在资本主义社会中"独立的个人不得不与同一群体中的其他个人竞争,不得不超过他们和不断地把他们排挤开。一个人的利益往往就是一个人的损失。这一情景的心理后果乃是人与人之间潜在敌意的增强","人与人之间这种潜在的敌对性紧张,其结果乃是导致产生的恐惧——对他人潜在敌意的恐惧,这种恐惧又因为害怕自己的敌意遭到他人的报复而加强。正常人身上的恐惧的另一个重要来源是害怕遭到失败……失败不仅意味着经济上的不安全,而且意味着丧失名誉地位,意味着各种各样情绪上的挫折打击"……"竞争、同胞之间潜在的敌意、恐惧、摇摇欲坠的自尊心,所有这些因素共同在心理上导致了个人的孤独感。即使他与他人有很多往来和接触,即使他的婚姻美满幸福,他在情感上仍然是孤独的;如果这种孤独感与他缺乏自信心的彷徨忧虑、恐惧担心相吻合,就会成为一场灾难"。①马克思揭示了资产阶级博爱的实质:"这就是博爱,就是一方剥削另一方的那些互相对立的阶级之间的博爱,这就是在二月间所宣告的,用大字号字母写在巴黎的三角墙上、写在所有监狱上面、写在每所营房上面的博爱。用真实的、不加粉饰的、平铺直叙的话来表达,这种博爱就是内战,就是最可怕的国内战争——劳动与资本间的战争。在6月25日晚间,当资产阶级的巴黎张灯结彩,而无产阶级的巴黎在燃烧、呻吟、流血的时候,这个博爱便在所有窗户面前烧毁了。"②马克思还指出:"博爱只有在资产阶

---

① 〔美〕卡伦·霍妮:《我们时代的神经症人格》,贵州人民出版社1988年版,第239—241页。
② 《马克思恩格斯选集》第1卷,人民出版社1972年版,第300页。

级利益和无产阶级利益结合在一起的时候才继续生存。"[1]一旦无产阶级触犯了资产阶级的利益,资产阶级就会把自由、平等、博爱代之以毫不含糊的"步兵、骑兵、炮兵"。

总之,资本主义现代化价值观用虚伪的公平掩盖实质上的不公平,用形式上的平等掩盖事实上的不平等,用自由的交换掩盖对剩余价值的榨取,用隐蔽的掠夺掩盖超经济的剥削。"劳动力的买和卖是在流通领域或商品交换领域的界限以内进行的,这个领域确实是天赋人权的真正乐园。那里占统治地位的只是自由、平等、所有权和边沁。自由!因为商品例如劳动力的买者卖者,只取决于自己的自由意志。他们是作为自由的、在法律上平等的人缔结契约的。契约是他们的意志借以得到共同的法律表现的最后结果。平等!因为他们彼此只是作为商品所有者发生关系,用等价物交换等价物。所有权!因为他们都只支配自己的东西。边沁!因为双方都只顾自己。使他们连在一起并发生关系的唯一力量,是他们的利己心,是现代庸俗经济学所谓的'理性',是他们的特殊利益,是他们的私人利益……一离开这个简单流通领域或商品交换领域……就会看到,我们的剧中人的面貌发生了某些变化。原来的货币所有者成了资本家,昂首前行;劳动力所有者成了他们的工人,尾随于后。一个笑容满面,雄心勃勃;一个战战兢兢,畏缩不前,像在市场上出卖了自己的皮一样,只有一个前途——让人家来鞣。"[2]

第二,中国式现代化的价值观是真实的,是最广大中国人民的利益和意志的反映。

中国式现代化的价值观以马克思主义科学理论为指导,本质

---

[1]《马克思恩格斯选集》第1卷,人民出版社1972年版,第300页。
[2]《马克思恩格斯全集》第23卷,人民出版社1972年版,第199—200页。

是社会主义价值观。列宁指出:"理论只是人们采取行动的依据,理论使我们对这种行动具有信心。"①工人阶级只有学习科学社会主义学说,"才能明了自己的行动纲领,明了自己的战斗旗帜上的每一个字"②。只有掌握了马克思主义的政党,才能信心百倍地前进。相反,没有掌握马克思主义的政党,就不得不徘徊摸索,对自己的行动失去信心,不能引导人民前进。正是因为中国式现代化价值观以马克思主义为指导,建立在社会主义生产资料公有制基础上,所以既能客观地反映现实,又能真实地反映人民的意志,发挥对社会发展的举旗定航作用。

社会主义平等是消灭阶级。马克思说:"人的本质不是单个人所固有的抽象物,在其现实性上,它是一切社会关系的总和。"③"人们奋斗所争取的一切,都同他们的利益有关。"④阶级斗争是"基于物质利益的"⑤。无产阶级和资产阶级的斗争"首先是为了经济利益而进行的"⑥。"他们的物质利益和需要使得它们进行你死我活的斗争。"⑦"资产阶级的平等要求也由无产阶级的平等要求伴随着。从消灭阶级特权的资产阶级要求提出的时候起,同时就出现了消灭阶级本身的无产阶级要求。"⑧马克思指出:"随着阶级差别的消失。一切由这些差别产生的社会的和政治的不平等也自行消失。"⑨恩格斯也指出,"用'消除一切社会的和政治的不平等'代替'消灭一切阶级差别'",

---

① 《列宁全集》第26卷,人民出版社1959年版,第363页。
② 《列宁全集》第6卷,人民出版社1959年版,第390页。
③ 《马克思恩格斯选集》第1卷,人民出版社1995年版,第56页。
④ 《马克思恩格斯全集》第1卷,人民出版社1956年版,第82页。
⑤ 《马克思恩格斯全集》第3卷,人民出版社1995年版,第739页。
⑥ 《马克思恩格斯选集》第4卷,人民出版社1995年版,第250页。
⑦ 《马克思恩格斯全集》第6卷,人民出版社1961年版,第302页。
⑧ 《马克思恩格斯选集》第3卷,人民出版社1995年版,第477页。
⑨ 《马克思恩格斯选集》第3卷,人民出版社1975年版,第311页。

"把社会主义看作平等的王国",这是以资产阶级的"自由、平等、博爱"为依据的口号,"现在应当被克服,因为它只能引起混乱"。①列宁指出:"民主意味着平等。很明显,如果把平等正确地理解为消灭阶级,那么无产阶级争取平等的斗争以及平等的口号就具有伟大的意义。"②可见,要实现真正平等,必须消灭阶级差别,这样也才能实现无产阶级的真正的自由。

社会主义能够实现真正的团结。全世界无产者只有联合起来,才能解放自己和全人类。"过去的经验证明:忽视在各国工人间应当存在的兄弟团结,忽视那应该鼓励他们在解放斗争中坚定地并肩作战的兄弟团结,就会使他们受到惩罚——使他们分散的努力遭到共同的失败。"③"无产阶级在反对有产阶级联合力量的斗争中,只有把自身组织成为与有产阶级建立的一切旧政党不同的、相对立的政党,才能作为一个阶级来行动。"④"劳动的解放既不是一个地方的问题,也不是一个国家的问题,而是涉及存在现代社会的一切国家的社会问题,它的解决有赖于最先进的各国在实践上和理论上的合作。"⑤雇佣劳动,像奴隶劳动和农奴劳动一样,是一种暂时的和低级的形式,它注定要让位于带着兴奋愉快心情自愿进行的联合劳动。"1848年到1864年这个时期的经验毫无疑问地证明,不管合作劳动在原则上多么优越,在实际上多么有利,只要它仍然限于个别工人的偶然努力的狭隘范围,就始终既不能阻止垄断势力按照几何级数增长,也不能解放群众,甚至不能显著地减轻他们的贫困的负担……要解放劳动群众,合

---

① 《马克思恩格斯选集》第3卷,人民出版社1995年版,第325页。
② 《列宁选集》第3卷,人民出版社1972年版,第256页。
③ 《马克思恩格斯选集》第1卷,人民出版社1995年版,第607页。
④ 《马克思恩格斯选集》第1卷,人民出版社1995年版,第611页。
⑤ 《马克思恩格斯选集》第1卷,人民出版社1995年版,第609页。

作劳动必须在全国范围内发展，因而也必须依靠全国的财力。"①马克思指出："应当摒弃'做一天公平的工作，得一天公平的工资'这种保守的格言，要在自己的旗帜上写上革命的口号：'消灭雇佣劳动制度！'"②恩格斯指出："在个人的独创的和自由的发展不再是一句空话的唯一的社会中，这种发展正是取决于个人间的联系，而这种个人间的联系则表现在下列三个方面，即经济前提，一切人的自由发展的必要的团结一致以及在现有生产力基础上的个人的共同活动方式。"③

社会主义法治是人民的意志和利益的反映，并由人民保证实施。列宁说过："什么是宪法？宪法就是一张写着人民权利的纸。真正承认这些权利的保证在哪里呢？在于人民中那些意识到并且善于争取这些权利的各阶级的力量。"④

社会主义民主是人民当家作主。民主是具体的，没有抽象的民主。邓小平指出："我们在宣传民主的时候，一定要把社会主义民主同资产阶级民主、个人主义民主严格区分开来，一定要把对人民的民主和对敌人的专政结合起来，把民主和集中、民主和法制、民主和纪律、民主和党的领导结合起来。"⑤

中国式现代化的价值观是社会主义优越性的体现，具有资本主义现代化价值观无法比拟的光明前景。列宁说过："对于觉悟的工人来说，社会主义是一个庄严的信念。"⑥"重要的是相信道路选择得正确，这种信心能百倍地加强革命毅力和革命热忱，有

---

① 《马克思恩格斯选集》第1卷，人民出版社1995年版，第605—606页。
② 《马克思恩格斯选集》第2卷，人民出版社1995年版，第97页。
③ 《马克思恩格斯全集》第3卷，人民出版社1960年版，第516页。
④ 《列宁全集》第12卷，人民出版社1987年版，第50页。
⑤ 《邓小平文选》第2卷，人民出版社1994年版，第176页。
⑥ 《列宁全集》第26卷，人民出版社1959年版，第183页。

了这样的革命毅力和革命热忱就能创造出奇迹来。"①同时，我们也要正确看待社会主义建设过程中的曲折。列宁指出："如果从实质上来观察问题，难道历史上有一种新生产方式是不经过许许多多的失败、错误和毛病而一下子就确立起来的吗？"②毛泽东于1957年就指出："我国现在的社会制度比较旧时代的社会制度要优胜得多。如果不优胜，旧制度就不会被推翻，新制度就不可能建立。"③社会主义核心价值观是建立在社会主义公有制经济基础上的，是由人民民主专政的国体作根本保证，反映的是中国最广大人民的根本利益，是追求价值的真正实现。

党的十八大以来，党中央提倡的"富强、民主、文明、和谐、自由、平等、公正、法治、爱国、敬业、诚信、友善"社会主义核心价值观，深刻体现出社会主义的制度属性和具有的丰富内涵，传承着中华民族优秀传统文化的道德基因，寄托着近代以来中国人民的理想信念，承载着中国共产党人的远大追求。

新中国成立特别是自改革开放以来，中国用几十年时间走完西方发达国家几百年走过的工业化历程，创造了经济快速发展和社会长期稳定的奇迹，为中华民族伟大复兴开辟了广阔前景。实践证明，中国式现代化价值观走得通、行得稳，是强国建设、民族复兴的唯一正确价值观。中国式现代化价值观开辟了马克思主义新境界，为彰显社会主义制度优越性开拓了新前景。中国式现代化价值观激发了国际理论界对马克思主义、社会主义的重新思考，使马克思主义以崭新形象展现在当今世界上，使科学社会主义重新焕发蓬勃生机，使世界范围内社会主义和资本主义两种意

---

① 《列宁全集》第9卷，人民出版社1959年版，第85页。
② 《列宁选集》第4卷，人民出版社1972年版，第14页。
③ 《毛泽东选集》第5卷，人民出版社1977年版，第33页。

识形态、两种社会制度的历史演进及较量发生了有利于社会主义的重大转变。"实践表明,中国式现代化既切合中国实际,体现了社会主义建设规律,也体现了人类社会发展规律。我国要坚定不移推进中国式现代化,以中国式现代化推进中华民族伟大复兴,不断为人类作出新的更大贡献。"[①]

[①] 习近平:《论把握新发展阶段、贯彻新发展理念、构建新发展格局》,中央文献出版社2021年版,第10页。

第一章

植根中华优秀传统文化

中国式现代化的价值观,是始终深深植根于中华民族优秀传统文化沃土之中的,吸收中华五千多年文明中的优秀价值观,同时又是随着历史和时代前进而不断与日俱新、与时俱进的。

习近平总书记指出"不忘本来才能开辟未来,善于继承才能更好创新"[1],要"坚持古为今用、推陈出新,有鉴别地加以对待,有扬弃地予以继承"[2]。历史传统越深厚、越丰富,现代化也就越特殊、越多彩。因此,现代化应该在传统的基础上不断革新。中华文明五千多年,"走过了不同于世界其他文明体的发展历程"[3]。中华优秀传统文化源远流长、博大精深,是中华文明的智慧结晶。中国式现代化价值观根植于中华优秀传统文化,具有区别于西方现代化价值观的独有特征。

中华优秀传统文化蕴含了诸多优秀的价值理念,为中国式现代化提供了强大的价值根基。习近平总书记指出,要"深入挖掘和阐发中华优秀传统文化讲仁爱、重民本、守诚信、崇正义、尚和合、求大同的时代价值,使中华优秀传统文化成为涵养社会主义核心价值观的重要源泉"[4]。这是在新时代对中国传统价值观新的提炼和概括。其中,对"民本""大同""均平"等的追求是核心,形成滋养中国式现代化的价值观的历史土壤。

---

[1] 中共中央宣传部:《习近平总书记系列重要讲话读本》,学习出版社、人民出版社2014年版,第100页。
[2] 中共中央宣传部:《习近平总书记系列重要讲话读本》,学习出版社、人民出版社2014年版,第100页。
[3] 习近平:《把中国文明历史研究引向深入 增强历史自觉坚定文化自信》,《求是》2022年第14期。
[4] 习近平:《习近平在中共中央政治局第十三次集体学习时的讲话》,《人民日报》2014年2月26日。

一、民本思想

中国式现代化的价值观的人民至上立场，是对中国传统民本思想的吸收和升华。中国传统的民本思想起始于夏商周时期，并随着春秋战国、汉唐、明清等朝代不断更迭而演化发展，是对几千年朝代兴衰的深刻总结反思，思想资源之丰富非其他文明所能比拟。这些思想传承千年已经渗透到人们的日常生活和行为习惯中，在新时代，其积极部分为形成中国式现代化的价值观提供雄厚的历史根基。

（一）贯穿中华文明始终

中国传统的民本思想贯穿中华文明始终，始终将人民作为国家的根本。

据文字记载，夏商周时期就已经产生了民本思想。大禹受禅建立夏朝后非常注意倾听民众的声音。《淮南子·氾论训》中记载当时大禹设钟、鼓、磬、铎、鞉五种乐器，"教寡人以道者击鼓，谕寡人以义者击钟，告寡人以事者振铎，语寡人以忧者击磬，有狱讼者摇鞉"①。并且"一馈而十起，一沐而三捉发，以劳天下之民"②。禹的后人荒淫无道被取代后，痛定思痛而作出了《五子之歌》，提出"皇祖有训，民可近，不可下。民惟邦本，本固邦宁"③。这最鲜明地表达了对"民"重要性的认识，是对民本思想的最早体现。夏之后的商、周鉴于前朝的覆灭，开始注重"民"。商王盘庚曾在与大臣的辩论中提出，"无或敢伏小人之

---

① 《淮南子》，陈广忠译注，中华书局2012年版，第739页。
② 《淮南子》，陈广忠译注，中华书局2012年版，第739页。
③ 《尚书》，王世舜、王翠叶译注，中华书局2012年版，第369页。

攸箴"①。"汝不和吉言于百姓，惟汝自生毒。乃败祸奸宄，以自灾于厥身。"②这表示了对违背民意后果的清晰认识。同样，周武王伐纣提出了"天视自我民视，天听自我民听"③的誓言，将"民"与天意相联系。此后的周朝保持了"重民""保民"的理念。但也可以看出，夏商周时期的民本思想尚处于原始状态，论述角度以政治方面居多，还带有一定的经验和迷信色彩。④

铁犁牛耕预示着新的生产关系的出现，从此中国进入了群雄逐鹿的社会变革时期。在这期间，诸子百家提出一系列的有关重视"民"的新的政治主张，论述的角度也越来越丰富，涵盖了政治、经济等方面。在政治方面，主张君和政都应为民着想。儒家孔子主张仁学，提出"民以君为心，君以民为本"⑤的君民关系，而且补充道"心以体全，亦以体伤。君以民存，亦以民亡"⑥。孟子进一步提出，"得民而得天下，失民而失天下，得民而欲无王，不可得矣；失民虽欲保天下，亦不得矣"⑦，更是强调"民为贵，社稷次之，君为轻"⑧的理念。荀子甚至提出"天之生民，非为君也；天之立君，以为民也"⑨的主张；法家管子也提出，"政之所行，在顺民心；政之所废，在逆民心"⑩。《吕氏春秋》中更是提出，"天下，非一人之天下，天下人之天下也"⑪。在经济上主张给民富才能使国家富强稳定。孟子提出应该满足人的生

---

① 《尚书》，王世舜、王翠叶译注，中华书局2012年版，第103页。
② 《尚书》，王世舜、王翠叶译注，中华书局2012年版，第107页。
③ 《尚书》，王世舜、王翠叶译注，中华书局2012年版，第436页。
④ 迟汗青：《传统民本思想源流考评》，《北方论丛》1995年第3期。
⑤ 陈晓芬：《中华经典藏书·论语》，中华书局2016年版，第67页。
⑥ 陈晓芬：《中华经典藏书·论语》，中华书局2016年版，第67页。
⑦ 杨伯峻：《孟子译注》，中华书局1962年版，第41页。
⑧ 杨伯峻：《孟子译注》，中华书局1962年版，第41页。
⑨ 《荀子》，方勇、李波译注，中华书局2011年版，第453页。
⑩ 黎翔凤撰，梁运华整理：《管子校注》上卷，中华书局2004年版，第13页。
⑪ 《吕氏春秋》，陆玖译注，中华书局2011年版，第22页。

活需要,"是故明君制民之产,必使仰足以事父母,俯足以畜妻子,乐岁终身饱,凶年免于死亡"①。荀子也提出,"轻田野之税,平关市之征,省商贾之数,罕兴力役,无夺农时"②。"足国之道:节用裕民,而善臧其余。"③以上论述均表明,只有农民富足,国家才能强盛。正是在政治和经济上对"民"的重视,"爱民"的文化开始形成,深刻影响着统治阶级,并以此为基础辐射到更多方面。道家学派创始人老子发出,"爱民治国,能无以知乎"④的感叹。成书于战国时代的《六韬·文韬》说:"为国之大务……爱民而已……善为国者,驭民如父母之爱子,如兄之爱弟,见其饥寒则为之忧,见其劳苦则为之悲,赏罚如加于身,赋敛如取己物,此爱民之道也。"⑤因此这一时期对"民"的重要性认识更加深刻全面。

秦之后有识之士总结各朝代更替的经验教训,将"民"提升到了决定朝代兴衰的高度。西汉的贾谊总结秦对民的暴政时提出,"夫民者,至贱而不可简也,至愚而不可欺也。故自古至于今,与民为仇者,有迟有速,而民必胜之"⑥,而且"闻之于政也,民无不为本也。国以为本,君以为本,吏以为本"⑦,由此提出"民"是国家和社会产生和运转的基础。三国时期,陆逊提出,"国以民为本,强由民力,财由民出。夫民殷国弱、民瘠国

---

① 杨伯峻:《孟子译注》,中华书局1962年版,第117页。
② 《荀子》,方勇、李波译注,中华书局2011年版,第141页。
③ 《荀子》,方勇、李波译注,中华书局2011年版,第140页。
④ 《老子道德经注》,(魏)王弼注,楼宇烈校,中华书局2011年版,第25页。
⑤ 《六韬·鬼谷子》,曹胜高、安娜译注,中华书局2007年版,第14—15页。
⑥ (汉)贾谊:《新书校注》卷九《大政上》,阎振益、钟夏校注,中华书局2000年版,第338页。
⑦ (汉)贾谊:《新书校注》卷九《大政上》,阎振益、钟夏校注,中华书局2000年版,第338页。

强者，未之有也"①。唐太宗提出："君依于国，国依于民。刻民以奉君，犹割肉以充腹，腹饱而身毙，君富而国亡。"②唐代白居易提出，"邦之兴，由得人也；邦之亡，由失人也"③。宋代思想家程颐提出："为政之道，以顺民心为本，以厚民生为本，以安而不扰民为本。"④元代陈天祥提出："国家之与百姓，上下如同一身，民乃国之血气，国乃民之肤体。血气充实则肤体康强，血气损伤则肤体羸病。"⑤明太祖朱元璋总结道，"所畏者天，所惧者民。苟所为一有不当，上违天意，下失民心，驯致其极而天怒人怨，未有不危亡者矣"⑥，并且认为，"不施实惠而概言宽仁，亦无益耳"⑦，而"宽仁必当聚民之财而息民之力"⑧。名臣李贤也总结中国千年朝代兴亡更替的历史，提出，"盖民心之向背，系天命之去留。有天下者不能固结民心，而欲久安长治者难矣。夏、商、周、汉、唐、宋，俱有天下数百年，而历世之绵远者，固结民心之所致也"⑨。

秦之后也开始将民本思想付诸实践，主张与民以实惠。战国时期，各国变法图强，商鞅变法最为彻底，其中，实行重农抑商，废井田开阡陌，统一度量衡，采取军功爵制，奖励耕织等举措使得民富军强。汉代从汉高帝开始轻赋税，赋税从"什五税一"到景帝的"三十税一"，之后成了定制，激发了农民的生产积极性，积累社会财富，开创了文景之治。汉武帝时期，董仲舒

---

① 转引自张晋藩：《论中国古代的民本思想》，《中国法学》2022年第5期。
② 转引自张晋藩：《论中国古代的民本思想》，《中国法学》2022年第5期。
③ 转引自张晋藩：《论中国古代的民本思想》，《中国法学》2022年第5期。
④ 转引自张晋藩：《论中国古代的民本思想》，《中国法学》2022年第5期。
⑤ 转引自张晋藩：《论中国古代的民本思想》，《中国法学》2022年第5期。
⑥ 转引自张晋藩：《论中国古代的民本思想》，《中国法学》2022年第5期。
⑦ （清）夏燮：《明通鉴》，中华书局1980年版，第171页。
⑧ 转引自张晋藩：《论中国古代的民本思想》，《中国法学》2022年第5期。
⑨ 转引自张晋藩：《论中国古代的民本思想》，《中国法学》2022年第5期。

不仅意识到土地兼并的危害，同时实行一系列具体关心民生的主张，即"盐铁皆归于民。去奴婢，除专杀之威。薄赋敛，省徭役，以宽民力"①。唐代推行了均田令的富民政策，使得社会上各类人都获得了土地，使占人口绝大多数的农民获得了稳定的、相对持久的谋生手段，从根本上解决民生问题，因此才出现"商旅野次，无复盗贼，囹圄常空"②的盛世景象。明代张居正针对税法混乱，百姓不堪重负，推行"一条鞭法"，使得民众的赋税负担减轻。清朝的康熙、雍正分别实行"盛世滋生人丁，永不加赋"以及"摊丁入地"③的政策，刺激人口增长，增加了农民的实际收入。总之，秦之后两千多年里，民本思想更加丰富，很多思想已经付诸实践。

除上述富民的理念和实际政策之外，历朝历代也主张对"民"进行道德教化，这也是民本思想的另一种体现。春秋时期，冉有问孔子："既富矣，又何加焉？"④孔子明确提出"教之"⑤，并强调："道之以政，齐之以刑，民免而无耻，道之以德，齐之以礼，有耻且格。"⑥孟子也认为，"人之有道也，饱食暖衣，逸居而无教，则近于禽兽"⑦。汉代之后统治阶级逐渐认识到了对民施行教化的重要性，逐渐将以德化民制度化，甚至认为"明刑"可以"弼教"。唐代最具代表性的法典《唐律疏议》以书面的形式将德刑关系纳入其中，开宗明义地提出"德礼为政教之

---

① （汉）班固：《汉书》，中华书局1962年版，第1136页。
② 《贞观政要》，骈宇骞译注，中华书局2011年版，第53页。
③ 《历代食货志注释》第5册，王雷鸣编注，农业出版社1991年版，第144页。
④ 杨伯峻：《论语译注》，中华书局2009年版，第135页。
⑤ 杨伯峻：《论语译注》，中华书局2009年版，第135页。
⑥ 杨伯峻：《论语译注》，中华书局2009年版，第11—12页。
⑦ 《孟子》，方勇译注，中华书局2010年版，第96页。

本，刑罚为政教之用"①。《大明律》也提出，"明礼以导民，定律以绳顽"②。历朝历代的君王、名臣、大儒也时常围绕对民教化进行阐发。因此，对"民"不仅要在物质上予以满足，也要在其精神上施以教化并使其满足。

（二）改造传统民本思想

中华文明五千多年，有着深厚的民本思想积淀，已经以文化的形式深深影响到人们生产生活的方方面面。但其产生根植于奴隶制或者封建制的生产关系，使得传统民本思想呈现出糟粕与精华有机共存的特征，不可避免带有局限性。而中国式现代化价值观"以人民为中心"思想，是对传统民本思想的改造和升华。

首先，从为君到为民。目的是体现本质的重要方面。在奴隶社会以及封建社会下提出的民本思想，实际上是统治阶级的民本思想，是为了维护君王的统治地位。因此，"君本"是目的，而"民本"是达到目的的手段，在思想理论上民本思想与君本思想这两种看似对立的思想在这一点上得以共存；在现实中，君与民两种对立的阶级也因民本思想的掩饰而各安于两级。孟子虽然提出了"民为贵，社稷次之，君为轻"的说法，但同时也提出"无父无君，是禽兽也"③的观点。民对待君的态度应该是"爱之如父母，仰之如日月，敬之如神明"④。西汉的贾谊虽提出"夫民者，至贱而不可简也，至愚而不可欺也"⑤，但其中暗含着对"民"有"贱"和"愚"的评价，认为其处在社会的最底层。可

---

① （唐）长孙无忌等撰：《唐律疏议》卷一，刘俊文点校，中华书局1983年版，第3页。
② 转引自张晋藩：《论中国古代的民本思想》，《中国法学》2022年第5期。
③ 杨伯峻：《孟子译注》，中华书局1962年版，第328页。
④ （汉）刘向著：《新序今注今译》，卢元骏注译，天津古籍出版社1987年版，第16页。
⑤ 于智荣：《贾谊新书译注》，黑龙江人民出版社2003年版，第263页。

见，民贵君轻的本身是从维护君王地位的角度来谈的，兼有调和君民矛盾的作用。春秋战国时期的先贤们对君民关系的探索，在后世得到了比较完整的发扬。前文引用了大量秦之后有关君民关系的论述以及政策措施，几乎都是将君民这对矛盾看成一体，一荣俱荣，一损俱损。这种看法体现了古代思想家们的真知灼见。但是这种一体并非利益共同，更不是二者平等，而是作为矛盾一方的君王剥削和压迫另一方必须在一定限度内，使得必然对立的矛盾表现为非对抗性。因此，这些真知灼见是维护当下统治的必要手段。总之，古代的民本思想实际上具有以民本为外壳，而以君本为内核的性质。

后人总结古代王朝兴衰更替的规律，提出历史周期率，而想终结这种历史周期率必然要从根本上解决君民的这种必然对立的矛盾。只有实现官民平等，将"官乃民之父母"的观念转化为"官乃人民公仆"的观念才能得到解决。中国共产党在历史上第一次给出了解决问题的答案，并在百年历史中不断发扬。毛泽东提出，中国共产党员应该"全心全意为人民服务"[①]。这使得官与民消除了阶级属性，官也是民的一部分，为民就是为自己，从而使得内核与外壳达到统一。江泽民进一步提出，中国共产党"始终代表中国最广大人民的根本利益"[②]。习近平总书记提出以人民为中心的发展思想。党的二十大报告明确将以人民为中心的发展思想作为党和国家前进道路上必须牢牢把握的重大原则，提出"维护人民根本利益，增进民生福祉，不断实现发展为了人民、发展依靠人民、发展成果由人民共享，让现代化建设成果更

---

① 《毛泽东文集》第7卷，人民出版社1993年版，第285页。
② 《江泽民文选》第3卷，人民出版社2006年版，第279页。

多更公平惠及全体人民"①。而且将"人民至上"立场作为习近平新时代中国特色社会主义思想的世界观和方法论，将贯穿于治国理政的方方面面。

其次，从被统治的客体到人民当家作主。正是由于传统的民本思想是服务于统治阶级的，因此传统民本思想让"民"安于被统治，并限制他们的能力发挥。荀子提出，"民不亲不爱，而求其为己用，为己死，不可得也"②。可见君主对民的看法在于是否能有用于己。君主也时常将自己塑造成施加恩惠的主体，用各种手段让民众对自己感恩涕零，从而实现统治的稳定。商鞅主张性恶论，提出"以良民治，必乱至削；以奸民治，必治至强"的统治思想，实际上将"民"看作是动物性之人，辅之以强有力的统治来进行限制才可以。因此，封建君王专制实际上将一国之兴衰系于少部分人。若为明君贤主则国运昌隆，百姓尚可生活安稳，但一旦遇到昏庸无能的君主，百姓生活则可能风雨飘摇。马克思主义提出，人民是历史的创造者，而非君主创造，而在中国传统的历史时期，民众将自己的主体地位让渡给了统治阶级。这使得两千多年的封建专制之下，广大劳动人民始终处于受压迫、受剥削的最底层。

近代以后，经过辛亥革命和五四新文化运动，人民的地位没有实质上的提升。俄国十月革命的胜利，马克思主义在中国的传播，促进了中国人民的伟大觉醒。1921年，中国共产党成立，人民看到了当家作主的希望。新民主主义革命的胜利为实现人民当家作主扫除政治障碍，人民群众的积极性得到了空前的激发，积

---

① 习近平：《高举中国特色社会主义伟大旗帜　为全面建设社会主义现代化国家而团结奋斗——在中国共产党第二十次全国代表大会上的报告》，人民出版社2022年版，第27页。
② （清）王先谦：《荀子集解》，山东友谊出版社1994年版，第234页。

极广泛地参与到社会建设的方方面面。其后不断丰富人民民主实现形式。党的十八大以来，面对社会主要矛盾的新变化和新要求，全面总结中国民主发展取得的显著成就，习近平总书记提出全过程人民民主重大理念并予以大力推进。全过程人民民主，具有完整的制度程序和完整的参与实践，实现了最广大人民的广泛持续参与。这充分彰显人民主体地位，使人民意志得到更好体现、人民权益得到更好保障、人民创造活力得到进一步激发。

再次，从取之于民到人民共享发展。封建社会和奴隶社会的民本思想实际上是为统治阶级的现实利益服务的。"溥天之下，莫非王土；率土之滨，莫非王臣"①是最能体现封建统治阶级所有权的描述，天下之人都要为君主乃至所有统治阶层的吃穿住行服务。正如梁启超所言，"夫徒言民为邦本，政在养民，而政之所从出，其权力乃在人民之外"②。可见，民本思想是维护统治阶级现实利益服务的工具，是空头支票。前文中所引述的诸多富民的实际政策看似是为了民众考虑，实际上更多考虑统治阶级的利益，而并非减少对民众的盘剥。民众的富足大都体现在提高民众生产积极性以及剥削的形式高妙，最终使得民众心甘情愿处于被压迫的地位。因此，还不能达到利益由人民共享的程度。

新中国成立后，人们不仅在政治上真正翻身做了主人，而且在物质生活上有了保障。毛泽东提出，"现在我们实行这么一种制度，这么一种计划，是可以一年一年走向更富更强的，这个富是共同的富，这个强，是共同的强"③。由于在社会主义制度下，人民和官员的阶级对立消失了，因此，这里的"共同"包括官员

---

① 王秀梅：《诗经译注》，中华书局2006年版，第299页。
② 梁启超：《先秦政治思想史》，东方出版社1996年版，第5页。
③ 《毛泽东文集》第6卷，人民出版社1996年版，第495页。

在内的所有人民。从此共同富裕成为社会发展的一大目标。邓小平将"实现共同富裕"纳入社会主义本质之中。经过改革开放40余年的发展，特别是党的十八大以来的发展，全体人民共同富裕取得更为明显的实质性进展。党的二十大报告中也继续布局，将人民为中心的发展思想落地，要"在幼有所育、学有所教、劳有所得、病有所医、老有所养、住有所居、弱有所扶上持续用力，人民生活全方位改善"①。人民将共享经济、政治、文化、社会、生态等多方面的发展成果。

二、大同理想

作为世界上唯一一个五千多年没有断流的古老文明，其文化中始终包含古人长期以来追求的"大同"理想。习近平总书记提出，"大同""积淀着中华民族最深层的精神追求，代表着中华民族独特的精神标识，为中华民族生生不息、发展壮大提供了丰厚滋养"②。这一思想也深刻地影响着现代人的思维方式。"协和万邦""天下为公"以及"世界大同"的情怀为当下追求全人类共同理想提供深厚的传统文化滋养。

（一）中华民族千年追求

"大同"最早出现在《尚书·洪范》中，"汝则从，龟从，筮从，卿士从，庶民从，是之谓大同"③。这是指面对疑难问题时，

---

① 习近平：《高举中国特色社会主义伟大旗帜　为全面建设社会主义现代化国家而团结奋斗——在中国共产党第二十次全国代表大会上的报告》，人民出版社2022年版，第10页。
② 《习近平谈治国理政》，外文出版社2014年版，第164页。
③ 《尚书》，王世舜、王翠叶译注，中华书局2012年版，第153页。

最高统治者的想法与卜筮结果,乃至百官观点、庶民意见一致,这种非常美好、极致和舒畅的状态便是"大同"。这为描述理想社会提供了素材追溯。《礼记·礼运》中沿用了"大同"的概念,将之运用于社会,并对"大同"社会进行了详尽的描述,"大道之行也,天下为公。选贤与能,讲信修睦。故人不独亲其亲,不独子其子,使老有所终,壮有所用,幼有所长,矜、寡、孤、独、废疾者皆有所养,男有分,女有归。货恶其弃于地也,不必藏于己;力恶其不出于身也,不必为己。是故谋闭而不兴,盗窃乱贼而不作,故外户而不闭。是谓大同"①。这里描述了天下人都能受到社会关爱,安居乐业,且各尽所能,没有相互倾轧的理想状态。这段与下面关于"小康"的相关论述作对比,折射出当时底层人民的生活中存在着诸多阴谋诡计、盗窃财物以及兵家作乱的现象。

除了上述直接对大同"理想"展开细致说明外,还有很多间接对理想社会进行论述的文献。《诗经·魏风》中的《硕鼠》写道:"硕鼠硕鼠,无食我黍!三岁贯女,莫我肯顾。逝将去女,适彼乐土。乐土乐土,爰得我所。硕鼠硕鼠,无食我麦!三岁贯女,莫我肯德。逝将去女,适彼乐国。乐国乐国,爰得我直。"②《毛诗序》对这首诗进行解读,提出,"国人刺其君重敛蚕食于民,不修其政,贪而畏人,若大鼠也"③。因此,这首诗中体现了当时底层人民对统治者剥削的痛恨,以及对理想之地的憧憬,"乐土"和"乐国"就寄托了这种憧憬。《尚书·尧典》通过记述帝尧的高尚品德,引出对美好社会的勾勒:"曰若稽古,帝尧曰

---

① 《礼记》,胡平生、张萌译注,中华书局2017年版,第419—420页。
② 《诗经》,刘毓庆、李蹊译注,中华书局2011年版,第276—277页。
③ (清)阮元校刻:《十三经注疏》上卷,中华书局1980年版,第359页。

放勋，钦明文思安安，允恭克让，光被四表，格于上下。克明俊德，以亲九族。九族既睦，平章百姓。百姓昭明，协和万邦。黎民于变时雍。"①这里用递进的形式描述最高统治者的亲人关系融洽，众多邦国相互协调，百姓也变得友善和睦。《尚书·大禹谟》中通过大禹和帝舜的对话引出对美好社会的描述："嘉言罔攸伏，野无遗贤，万邦咸宁。"②这表明好的言论不被隐匿，所有的贤人都被任用，万国之民就都安宁了。《乾卦·彖传》中也描述了与"万邦咸宁"类似的理想社会状态："大哉乾元，万物资始，乃统天。云行雨施，品物流形……首出庶物，万国咸宁。"③这一句是描述圣人君临天下，从而天下太平的景象。

先秦时期，诸子就根据前人的记述对"大同"社会有各自的设想。老子崇尚"小国寡民"的社会样态，"小国寡民"下，人们不远徙、不战争，能够"甘其食，美其服，安其居，乐其俗"④。孔子在描述自己的志向时提出，希望"老者安之，朋友信之，少者怀之"⑤。孟子主张推行仁政，有人请教他有关井田制的问题，他强调划分田地大小均匀的重要性，再加上分配又合理，认为如此就能达到"死徙无出乡，乡田同井，出入相友，守望相助，疾病相扶持，则百姓亲睦"⑥的状态。墨子感悟到"天必欲人之相爱相利，而不欲人之相恶相贼也"，因此提出"今天下无大小国，皆天之邑也。人无幼长贵贱，皆天之臣也……故曰：爱人利人者，天必福之；恶人贼人者，天必祸之"⑦。以此

---

① 《尚书》，王世舜、王翠叶译注，中华书局2012年版，第5—6页。
② 《尚书》，王世舜、王翠叶译注，中华书局2012年版，第353页。
③ 寇方墀著：《全本周易精读本》，中华书局2018年版，第124页。
④ 《老子道德经注》，(魏)王弼注，楼宇烈校，中华书局2011年版，第198页。
⑤ 杨伯峻：《论语译注》，中华书局2009年版，第51页。
⑥ 《孟子》，方勇译注，中华书局2010年版，第91页。
⑦ 《墨子》，方勇译注，中华书局2011年版，第23页。

体现出对人与人之间"爱恶""利贼"关系的规律性表达，推崇人们要相互爱护、相互成就，从而合乎"天"所规定的运转法则。

先贤们所描述的美好社会图景对底层劳动人民有着非常大的吸引力，深刻影响了深谙其理想之道义的农民运动领袖。从宋代开始，就有农民起义军打起了"等贵贱均贫富"的旗号，如北宋初年的王小波、李顺起义，北宋末年的方腊起义，南宋的钟相、杨幺起义，明末的李自成起义，等等。他们都希望建立一个能够在政治上和经济上平等的社会，并开始将这种愿望付诸实践。

从上述对"大同"理想的梳理来看，这种社会理想包含政治、经济、文化等方方面面，具体来说包括贫富差距小，没有等级差别，没有私有制和剥削压迫，社会和谐稳定，人们道德高尚，有好的公序良俗，人与人之间相互爱护和帮助，国与国相互协调，等等。

"大同"理想虽被提出几千年，但是这种理想在奴隶社会和封建社会还限于一种美好价值追求，但不可能提出任何成型的详尽方案。古代对"大同"社会的论述大都集中在描述这种理想社会的样貌形态，鲜有提出具体实施方案的。古文献和先秦诸子中有认为回到古代之前的上古时期就可以达到"大同"，即回到"小国寡民"和"大道之行"的时代。社会演化的过程是后者对前者的否定，后者一般相对于前者在生产力这一核心指标上是前进的。"上古"时期实际上是生产力发展极不充分，处于原始公有制时期，这种物质基础上的"大同"实际上是不可能实现的幻想。除此之外，前文也有人提出方案，认为达到"亲九族""平章百姓""协和万邦""嘉言罔攸伏，野无遗贤""首出庶物"等要求即可达到"大同"的状态。实际上达到的这种"大同"状态只是统治阶级和被统治阶级之间的阶级矛盾调和的状态，有利于统治阶级的统治。历史上这种阶级矛盾调和的状态并不是常态，反而对抗性的状态则是常态。因此，只要有阶级存在也不会达到真正的"大同"。先秦诸子提出的"大同"社会的道德标准在生产力不发达以及阶级社会下同样也是代表着统治阶级的利益，不可能依靠道德达到理想社会。而农民运动领袖所领导的现实运动也因为生产力的发展没有达到一定程度，所提出的口号乃至理论至多带领他们实现封建王朝的更替，达不到"大同"社会的目标。

综上，向往理想社会是人类千百年来的梦想，但人类理想社会的实现只能植根于现实的经济、政治根基之上。因此，虽然上述对理想社会的论述不可避免带有局限性，但可以为近代以来的仁人志士追求"大同"社会理想乃至建立全人类共同价值提供理论滋养和不懈的精神力量。

（二）建设社会主义社会

近代以来，西方文明给东方文明带来冲击的同时，也带来了文明的互通交流。一些仁人志士在综合中西方优秀文化的基础上提出全世界走向"大同"的方案，并在革命洗礼中逐渐探索出了通向大同之路。

康有为是资产阶级改良派的先驱，面对近代以来西方对中国的压迫，他将中国原有的"大同"社会理想和佛教对人生苦难的探讨与"自由、平等、博爱"等资产阶级价值观和诸多空想社会主义学说相融合，非常系统地对未来社会进行想象并提出具体实施方案，康有为将其命名为《大同书》。其中提出，不能达到"大同"而致使痛苦的原因是"九界"，即打破国家、等级、种族、家庭、生产等界限，社会归于统一机构管理，生产生活实现社会化，社会和谐，没有罪恶和动乱。①而打破这些"界"的方法就是"惟行大同太平之道"，"舍大同之道而欲救生人之苦，求其大乐，殆无由也。大同之道，至平也，至公也，至仁也，治之至也，虽有善道，无以加此矣"。②其中显然蕴含了对全世界"大同"的描述，实际上认为这是全人类的共同价值。

为中国的民主革命奋斗一生的孙中山也深深受到"大同"社会理想的影响，在自己的革命实践中一直将建立"大同"社会作为自己的价值追求，始终想彻底解除民族的苦难。孙中山在给黄埔军校写的训词中提道："三民主义，吾党所宗，以建民国，以进大同。"③他所提出的三民主义就是建立"大同"社会在不同侧面的表现。其中，平均地权是民生主义的核心；破除封建主义而主张人权以及人民拥有政权是民权主义的核心；而民族主义则是追求"大同"的必经之路，他提出："我们要将来能够治国平天下，便先要恢复民族主义和民族地位。用固有的道德和平做基础，去统一世界，成一个大同之治，这便是我们四万万人的大责任。诸君都是四万万人的一分子，都应该担负这个责任，便是我们民族的精神。"④可见，他所最终追求的不是一国一地的"大同"，而是全世界的"大同"，充分体现了"协和万邦""万国咸宁"等中国传统价值追求对他的深刻影响。

上述经验实践相比于古代先贤们对"大同"社会的描述和实行方案有了很大的进步，但就像毛泽东在《论人民民主专政》中

---

① 乐农：《中国古代"大同"理想与中国现代社会主义道路的选择》，《湖北社会科学》1991年第11期。
② 康有为：《康有为全集》，中国人民大学出版社2007年版，第6—7页。
③ 中国社会科学院近代史所：《孙中山全集》第10卷，中华书局2011年版，第300页。
④ 中国社会科学院近代史所：《孙中山全集》第10卷，中华书局2011年版，第253—254页。

对康有为的《大同书》的评价一样，"没有也不可能找到一条到达大同的路"①。包括孙中山提出的建立民主共和国在现实中被证明行不通，中国人民还生活在水深火热之中。建立"大同"社会的重任历史性地落在了中国共产党人的身上。中国共产党人证明了，只有沿着社会主义的道路才能实现"大同"。中国共产党带领中国人民取得了新民主主义革命的胜利，消除了压在中国人民头上的帝国主义、封建主义和官僚资本主义"三座大山"，实行人民民主专政，中国人民从此真正当家做了主人。毛泽东评价道，"这样就造成了一种可能性，经过人民共和国到达社会主义和共产主义，到达阶级的消灭和世界的大同"②。经过经济恢复和五年计划的建设，在党的八大确立了社会主义基本政治制度、生产资料的公有制和按劳分配制度，为中国的迅速现代化提供了坚实的保障。

因此，中国共产党人使"大同"社会的样貌初现，这是亘古以来的第一次。随后便实行以经济建设为中心的战略，大力发展生产力。经过大半个世纪的发展，人民的物质生活水平得到了极大的提升，并于2021年全面建成小康社会。中国的现代化发展取得了举世瞩目的成就，除经济领域之外，其他领域的发展也紧随其后。这些丰硕成果使得中国逐渐被世界所重视。

中国特色社会主义新时代，秉持着"大同"社会理想的中国人民，不仅要在中国范围内实现这种理想，还要通过构建人类命运共同体脚踏实地去推动建设社会主义社会，为世界"大同"的实现提供强大的动力。面对"文明冲突论""现代化一元论"等西方式现代化悖论，中国推动构建人类命运共同体、共建"一带

---

① 《毛泽东选集》第4卷，人民出版社1991年版，第1471页。
② 《毛泽东选集》第4卷，人民出版社1991年版，第1471页。

一路"等实践，为建设持久和平、普遍安全、共同繁荣、开放包容、清洁美丽的世界贡献了中国智慧、中国理念和中国方案。习近平总书记在党的二十大报告中指出："我们坚定站在历史正确的一边、站在人类文明进步的一边，高举和平、发展、合作、共赢旗帜，在坚定维护世界和平与发展中谋求自身发展，又以自身发展更好维护世界和平与发展。"①以这种良性互动让中国和世界都走得更远。习近平总书记也指出："吹灭别人的灯，并不会让自己更加光明；阻挡别人的路，也不会让自己行得更远。"②中国式现代化不走也不主张别人走战争、殖民掠夺等实现现代化的老路，不主张通过打压别人实现自身的发展，而是在世界范围内弘扬和平、发展、公平、正义、民主、自由的全人类共同价值。因为只有如此，世界才能走得更远。

总之，从"天下大同"到构建人类命运共同体，经过了几千年的传承和跨越，反映了人类对美好社会的追求。

三、均平思想

几千年来，均平思想是根植人们心灵深处矢志不渝的价值追求。中国传统文化的重要典籍中大量记载着"等贵贱""均贫富"等平等思想，涵盖政治、经济、社会等多方面。但正如马克思所说，"平等的观念，无论以资产阶级的形式出现，还是以无产阶级的形式出现，本身都是一种历史的产物，这一观念的形成，需

---

① 习近平：《高举中国特色社会主义伟大旗帜　为全面建设社会主义现代化国家而团结奋斗——在中国共产党第二十次全国代表大会上的报告》，人民出版社2022年版，第23页。
② 习近平：《携手同行现代化之路》，《人民日报》2023年3月16日。

要一定的历史条件,而这种历史条件本身又以长期的以往的历史为前提"①。因此,中国式现代化的价值观对"平等"的追求从中国的传统均平思想中汲取了营养。

(一) 等贵贱

等贵贱反映了中国人对政治平等的追求。春秋战国时期是奴隶社会向封建社会过渡的时期。其中,由于生产力的发展以及社会阶层的更新,当时思想界为适应这一变化在文化观念上进行了一系列的变革。尤其是对旧等级观念的打破,使得"等贵贱"开始成为一种延续千年的价值追求。

"等贵贱"是从"君子"概念的变化开始的。"君子"的最初含义在孔颖达的《诗经正义》中提出:"此言君子、小人,在位与民庶相对。君子则引其道,小人则供其役。"②《春秋左传·襄公九年》也提出:"君子劳心,小人劳力,先王之制也。"③这时的"君子"和"小人"是一种地位的不同称谓。而《论语》中"君子"和"小人"常被认为是道德意义上的不同称谓,如"君子之道者三,我无能焉。仁者不忧、知者不惑、勇者不惧"④。"君子"在这里指道德高尚的人。既然是关乎于道德,君子和小人之间是可以相互转化的。因此,从概念的变化可以看出等级意识有所弱化。随后,法家的商鞅和墨家的墨翟明确提出要取消特权等级。商鞅在法治思想方面认为,"法之不行,自上犯之"⑤,对贵族提出"壹刑",即"刑无等级,自卿相将军以至大夫庶人,

---

① 《马克思恩格斯选集》第3卷,人民出版社2012年版,第484—485页。
② (清) 阮元校刻:《十三经注疏》上卷,中华书局1980年版,第460页。
③ 杨伯峻:《春秋左传注》,中华书局1981年版,第968页。
④ 杨伯峻:《论语译注》,中华书局2009年版,第153页。
⑤ (汉) 司马迁:《史记》,韩兆琦译注,中华书局2010年版,第4657页。

有不从王令、犯国禁、乱上制者，罪死不赦"。韩非子进一步提出："法不阿贵，绳不挠曲……刑过不避大臣。"①墨翟在选贤与能方面，针对一些贵族不能用贤而导致的国家衰落的后果，认为选举贤者为官吏，选举贤者为天子国君，所以提倡"故官无常贵，而民无终贱。有能则举之，无能则下之"②的观点。所以，百姓中只要有才能就可以获得社会地位，没有才能就会失去地位。因此，这时在任用官员上开始出现取消等级特权的思想。

对以上这些思想不能抽象地理解，需要从其历史发展中找到这些思想发轫的根源。这些思想的出现与这个时期逐渐废除了奴隶主阶级的特权，建立新的社会秩序有关。这些打破等级特权的法制观念反映了新兴地主阶级的利益，有助于社会发展。诸子百家面临这样的社会变革，不但提出这些思想，也给出了具体实践方案。孔子以"仁爱"作为教化的内容。他提出，"古之为政，爱人为大。所以治爱人，礼为大"③和"民之所由生，礼为大，非礼无以节事天地之神也，非礼无以辨君臣、上下、长幼之位也，非礼无以别男女、父子、兄弟之亲、昏姻、疏数之交也"④。可见，孔子仅仅是主张有等级的"仁爱"，人们安于这种等级，就会无所谓贵贱。道家主张解决这个问题要回到原始社会的状态。《道德经》第八十章提出，"小邦寡民，使有什伯人之器而不用，使民重死而（不）远徙。有舟车无所乘之；有甲兵无所陈之；使民复结绳而用之。甘其食，美其服，乐其俗，安其居。邻邦相望，鸡犬之声相闻，民至老死不相往来"⑤。因此，老子认

---

① 《韩非子》，高华平、王齐洲、张三夕译注，中华书局2010年版，第50页。
② 《墨子》，方勇译注，中华书局2011年版，第52页。
③ 《礼记》，胡平生、张萌译注，中华书局2017年版，第960页。
④ 《礼记》，胡平生、张萌译注，中华书局2017年版，第958页。
⑤ 《老子道德经注》，（魏）王弼注，楼宇烈校，中华书局2011年版，第198页。

为只要退回到原始社会状态，即脱离了社会形态的演进，问题就会得到解决，但实际上不能实现。诸子百家虽然观点各不相同，但是都拥有对大同社会的追求。

中国古代农民长期处于社会最底层，受到地主的剥削和压迫。尤其在灾荒之年，农民对当时现实社会有强烈的不满，再加上各种平等观念渐渐传入农民中，并在其中不断发酵，也产生了诸多含有"等贵贱"性质的口号、理论和制度。在闻名遐迩的秦末陈胜、吴广起义中提出了"王侯将相宁有种乎"①的口号。语言虽然简单，但表达出农民对成为"王侯将相"的向往及其可能性的肯定，表达出了"等贵贱"的思想。南宋的农民起义领袖钟相、杨幺更加明晰地提出"法分贵贱贫富，非善法也。我行法，当等贵贱、均贫富"②，也提出，"国典为邪法""杀人为行法""劫财为均平"③。虽然这种做法不甚妥当，但钟相、杨幺从法理的角度表达了农民阶级的愿望和要求，表明农民阶级已经在"均贫富"的经济要求的基础上，提出了政治上平等的要求，认为有法的保障才能获得真正的经济上的平等。显然"等贵贱"已经有理论化的趋向了。近代以来，洪秀全更进一步提出了一套系统的农民平等思想。他将基督教中"上帝面前人人平等"思想纳入自己所建立的有神论信仰中，提出"天父上帝人人共"④的主张，从心理层面打下人人平等的基础。太平天国的农民领袖们在《天朝田亩制度》中提出，"凡天下每岁一举，以补诸官之缺"，⑤并且乡官如有贪污不法的，人民可以检举揭发，随时革退。人们的

---

① 《史记》，韩兆琦译注，中华书局2010年版，第3856页。
② （宋）徐梦莘：《三朝北盟会编》，上海古籍出版社1987年版，第996页。
③ （宋）徐梦莘：《三朝北盟会编》，上海古籍出版社1987年版，第996页。
④ 龚德隆主编：《中华教育经典》上卷，中国人民公安大学出版社1998年版，第736页。
⑤ 罗尔纲：《太平天国的理想国天朝田亩制度考》，商务印书馆1950年版，第4页。

权利得到了加强，实际上"等贵贱"的程度亦得以进一步加强。除此之外，这一纲领也否定了"男尊女卑"的传统观念，完全反对"夫为妻纲"的封建礼教，实行男女平等，认为女子在经济、政治、军事、婚姻等方面享有与男子同样的权利。虽然这样的理念没有得到真正实现，但是一定程度上解放了妇女的思想。

中国古代的圣贤们提出了"等贵贱"的价值理念并且以此提出一系列方案，农民受到这种价值理念的影响后也在实践过程中不断寻找实现这一价值的方法和途径，成果越来越丰富，但都不可避免地带有历史局限性。例如，孔子以"仁爱"教化所有人，提倡恢复周礼，只不过是在倡导回到并安于"君臣、上下、长幼之位"的等级制度，弱化人们对贵贱等级的关注。但在那个社会变革的时代，人们已经逐渐摒弃了与奴隶制相适应的周礼和等级制度。因此在大的社会历史发展的趋势面前，孔子的"等贵贱"的方案是不能实现的。但是其中包含的道德因素对如今仍有很强的借鉴意义。老子同样主张以社会倒退的方式完成"等贵贱"，将出现的诸等级归因于发展了的社会的组织形式，想退回到原始社会的组织形式，因为那时将没有军队，没有贵族，大家都平等自由。但这种社会是建立在残酷的自然压迫以及原始社会生产效率低下基础上的"平等"，历史的积累注定了社会不会自然退回原始社会，因此，这便只是一个空想。法家对等级平等的探索，对中国社会发展进程的推动有极大的意义，即用法律制度规定了一定程度的平等。但是其代表新兴地主的利益，对普通民众来说，等级仍然是不可逾越的鸿沟。对于农民领袖们所提出的口号、理论和制度，虽实践性相比来说比较强，在民众中的影响十分巨大，但是自己的美好愿望与生产力水平以及与生产力相适应的观念不匹配，仅仅是历史的长河中耀眼的闪光，最后一定会走向失败或者重蹈王朝更替的覆辙。

"等贵贱"是中国人民几千年来始终不变的追求,有着丰富的内涵。如今进入新时代,马克思主义的价值需求与中华传统价值观需要进一步贯通。近代以来,中国开启了现代化的进程,无数仁人志士为了中国人民翻身解放而无私奉献、不懈奋斗。1921年,中国共产党成立,共产党员拿到了历史的接力棒。习近平总书记指出:"我们党自成立之日起就致力于建设人民当家作主的新社会,提出了关于未来国家制度的主张,并领导人民为之进行斗争。"[1]百余年来,中国共产党始终以实现人民当家作主为己任,高举人民民主旗帜,团结带领中国人民长期进行艰苦不懈的奋斗,建立了人民当家作主的国家,推进了全过程人民民主,中国人民真正成为国家、社会和自己命运的主人,并由此创造了人类民主的中国形态。

(二)均贫富

"均贫富"是古代圣人提出的有关均衡社会财富的经济思想,反映了中国古人对经济平等的追求。中国古代的政治家、思想家以及一些农民领袖为解决社会矛盾,秉持这一思想在社会上进行接连不断的实践和改革,提出许多观点和政策,以期达到"善治"的目的。

"均贫富"的思想也同"等贵贱"等平等思想一样,有着绵延不绝的历史脉络。在春秋战国时期,孔子就提出:"丘也闻有国有家者,不患寡而患不均,不患贫而患不安。盖均无贫,和无

---

[1] 习近平:《坚持、完善和发展中国特色社会主义国家制度与法律制度》,《求是》2019年第23期。

寡，安无倾。"①其中，朱熹在"均"这一核心概念上做了注解，认为"均，谓各得其分；安，谓上下相安"②。这是较早体现"均贫富"思想的论述。诸子百家中，有将"均贫富"与政治或者政局相联系的，认为贫富分化被解决后，就可以天下大治。韩非子提出，"明主之治国也，适其时事以致财物，论其税赋以均贫富"③；《管子·乘马》中提出："地不均平调和，则政不可正也"④；《吕氏春秋·贵公》中提出，"昔先圣王之治天下也，必先公，公则天下平矣"⑤；《六韬》中提出，"天有时，地有财，能与人共之者，仁也"⑥。可见，这一时期对减少贫富之间的差距的必要性和重要性都有了比较多的了解。孟子在前人的基础上提出了"均贫富"的方案，认为"夫仁政，必自经界始。经界不正，井地不均，谷禄不平，是故暴君污吏必慢其经界。经界既正，分田制禄可坐而定也"⑦。这些思想实际上是维持统治阶级内部的"均"，以达到政治上"安"的目的。

在秦之后，中国社会逐渐确立了全国范围内的土地私有制。随着时间的推移，农村的土地兼并使得富的更富，穷的更穷，越来越多的人失去了土地，这些圣贤担心的事情终究应验了。在西汉时期，董仲舒通过总结历史，认为贫富失衡容易造成社会的断裂，对社会稳定构成很大威胁。为了不让社会贫富过于失衡，提出"使富者足以示贵而不至于骄，贫者足以养生而不至于忧，以

---

① 李泽厚：《论语今读》，中华书局2015年版，第309页。
② （宋）朱熹：《论语集注》，齐鲁书社1992年版，第167页。
③ 张松辉、张景：《韩非子译注》，上海三联书店2014年版，第342页。
④ 东篱子：《管子全鉴》，中国纺织出版社2019年版，第45页。
⑤ 《吕氏春秋》，陆玖译注，中华书局2011年版，第21页。
⑥ 《六韬·鬼谷子》，曹胜高、安娜译注，中华书局2007年版，第7页。
⑦ 杨伯峻：《孟子译注》，中华书局2008年版，第89页。

此为度而调均之。是以财不匮而上下相安，故易治也"①。这对调节贫富之间的度进行了详细说明，让社会中的上下左右各安其位，和谐相处。同时，他也提出"限民名田，以澹不足"②的土地政策，防止过分的土地兼并引起的社会不安定因素的滋生。除他之外，后世之人也提出一系列具体的方案防止这种矛盾的激化，平均赋役就是古代经济平均思想的具体体现。③如西魏苏绰在《六条诏书》中，第六条就是"均赋役"，认为虽然现在战争不断，国库开支很大，只有平等征收，即做到"不舍豪强而征贫弱，不纵奸巧而困愚拙"④，才能让百姓没有怨气；也如北宋王安石提出的方田均税法等，用重新清丈土地，按土地质量和用途分等纳税的方法，使得征收税赋的方法变得公平。

可见，"均贫富"并非平均主义，而是让社会中的每一个人都各安其位，追求一种社会的稳定与平衡的状态。随着饱读诗书之人或是制定落实过相关政策的退休还乡官员的宣传⑤，"均贫富"思想越来越被社会的最底层所了解。但由于绝大多数农民领袖对"均贫富"机械地或者脱离实际地理解，由此发生了诸多以此名义发动的农民起义。北宋初年，王小波、李顺起义，提出"吾疾贫富不均，今为汝均之"⑥。北宋末年，方腊打出"是法平等，无有高下"⑦的口号；南宋农民起义者钟相，提出"行法，

---

① （汉）董仲舒：《春秋繁露》，周桂钿注，国家图书馆出版社2019年版，第210页。
② 金少英集释，李庆善整理：《汉书食货志集释》，中华书局1986年版，第104页。
③ 李振宏：《中国古代均平文化论纲》，《学术月刊》2006年第2期。
④ 转引自陈明光：《"调均贫富"与"斟酌贫富"——从孔子的"患不均"到唐代的"均平"思想》，《历史研究》1999年第2期。
⑤ 陈新明、高小平：《均平而非平均：中国古代治理思想中的共同富裕》，《东南学术》2023年第3期。
⑥ 转引自廖寅、王晓龙：《宋代民变若干成因新探》，《兰州学刊》2016年第4期。
⑦ 转引自徐树林、徐践：《方腊传》，浙江古籍出版社2021年版，第401页。

当等贵贱、均贫富"①，采用"焚官府、城市、寺观及豪右之家"②，使得"小民无知者，翕然从之"③。他们经常是针对特定的富有之人，用劫掠、开仓放粮等扬汤止沸的方式践行他们自己的"均贫富"理念，却不能大范围地实现，因此这种社会理想的实现基本上停留在口号与幻想之中。明清时期，农民起义开始逐渐把"均贫富"的口号具体化到土地上④，这样便触及了封建地主土地所有制的本质。如李自成把"均田免粮"⑤作为其斗争的口号，攻占西安后又打出"贵贱均田"及"五年不征"⑥的口号；清朝的太平天国运动，颁发了《天朝田亩制度》的政治纲领，确立了"凡天下田，天下人同耕"⑦的原则。虽然这些"愿景"大多数没有实现，但是对比以往的农民起义在认识上有了很大的超越。

对"均贫富"思想的现代审视也需要批判的眼光，否则容易将"均贫富"作为目的而不是实现共同富裕的手段，从而堕向平均主义的泥潭。由于当时的生产力条件，物质财富没有得以充分涌流，"均贫富"思想在执行过程中仍然难度较大，即"蛋糕"分得再细致，没有积累起来足够大的"蛋糕"，最后只能是落入"不平人杀不平人"的循环。

两千多年来，中国人民各个阶层对"均贫富"的理论和实践探索，反映了中国民众长期对共同富裕的朴素情感和追求，这使得"均贫富"已经深深烙印在中华民族的血液中并延续至今。通

---

① （宋）徐梦莘：《三朝北盟会编》，上海古籍出版社1987年版，第996页。
② （宋）徐梦莘：《三朝北盟会编》，上海古籍出版社1987年版，第996页。
③ （宋）徐梦莘：《三朝北盟会编》，上海古籍出版社1987年版，第996页。
④ 王倩：《社会主义平等价值观的优秀传统文化渊源》，《伦理学研究》2022年第3期。
⑤ 转引自李穆文：《影响历史的重大事件》，西北大学出版社2006年版，第64页。
⑥ 转引自李穆文：《影响历史的重大事件》，西北大学出版社2006年版，第64页。
⑦ 罗尔纲：《太平天国的理想国天朝田亩制度考》，商务印书馆1950年版，第2页。

过土地革命，人民"均贫富"的理想得到了实现，为新民主主义革命的胜利奠定了坚实的基础，同样也为推进中国现代化提供物质保障和制度基础。改革开放后，邓小平提出社会主义的本质，即"解放生产力，发展生产力，消灭剥削，消除两极分化，最终达到共同富裕"①。这是探索中国式现代化的开端，要实现更高层次的"均贫富"，为中国式现代化定下了基调，突出了鲜明的中国特色。习近平总书记在2022年世界经济论坛视频会议上发表演讲时提出，"中国要实现共同富裕，但不是搞平均主义，而是要先把'蛋糕'做大，然后通过合理的制度安排把'蛋糕'分好，水涨船高、各得其所，让发展成果更多更公平惠及全体人民"②。这一论述明确而又深刻地阐明了当代共同富裕的实现路径和实现图景，既要做大"蛋糕"，又要将其分好，从而各得其所。

总之，中华优秀传统文化中所包含的"均平"思想给中国式现代化的平等价值观以丰富的滋养。2012年11月召开的党的十八大，将"平等"列为我国社会主义核心价值观之一，即弘扬社会主义平等价值观。传统文化中所内含的"均平"思想经历了上千年的积淀，为社会主义平等价值观的传播凝聚共识、提供助力；社会主义平等价值观融合了马克思主义基本原理和中国具体实际，对传统文化中"均平"思想的实现予以有效的贯彻和创造性发展。

---

① 《邓小平文选》第3卷，人民出版社1993年版，第373页。
② 《习近平出席2022年世界经济论坛视频会议并发表演讲》，《人民日报》2022年1月18日。

第二章

体现科学社会主义价值观主张

中国式现代化是科学社会主义在中国的实践。马克思主义是人类解放和全面发展的重大理论武器，它通过研究和批判资本主义社会，对未来社会进行科学的设计和勾勒，目的是建立和建设社会主义，最终实现人类社会的进步。科学社会主义就是马克思主义中有关建立和建设社会主义的理论组成部分。中国式现代化在本质上是社会主义现代化，是建设社会主义现代化强国的系统性方案。因此，中国式现代化需要以马克思主义作为指导，尤其是以科学社会主义基本原则为指导。因此，中国式现代化的价值观也蕴含了科学社会主义价值观主张。

习近平总书记指出："马克思主义是人民的理论，第一次创立了人民实现自身解放的思想体系。马克思主义博大精深，归根到底就是一句话，为人类求解放。"[①]正是基于马克思主义的价值取向，科学社会主义的最终落脚点是人的解放和发展进步，也即科学社会主义价值观主张。其中，人的全面发展是最根本的目的。围绕这一核心目的，在政治领域，要实现人民当家作主，建立健全人民民主；在文化和社会领域，要实现物质生活与精神生活的共同富裕；在生态领域，要实现人与自然和谐共生。

一、人的全面发展

科学社会主义是推动社会进步的理论，而社会的进步根本上都是人的进步。因此，人的全面发展是科学社会主义最根本的价值追求。同样，中国式现代化蕴含了科学社会主义的价值观主张，在根本上追求实现人的全面发展。

---

① 《十九大以来重要文献选编（上）》，中央文献出版社2019年版，第424页。

马克思主义的创立者通过对资本主义社会的研究和批判建立了自己的理论体系。资本主义生产方式的产生极大地推动生产力的提高，使得"资产阶级在它的不到一百年的阶级统治中所创造的生产力，比过去一切世代创造的全部生产力还要多，还要大"①。但是，资本主义的根本目的是资本增殖，导致人的发展围绕着资本的增殖展开，使得"整个人类社会只是成为创造财富的机器"②，致使生产成为异己的力量支配自身，从而极大影响了人的全面发展。在资本主义下，"一切发展生产的手段……都使工人畸形发展，成为局部的人，把工人贬低为机器的附属品，使工人受劳动的折磨，从而使劳动失去内容，并且随着科学作为独立的力量被并入劳动过程而使劳动过程的智力与工人相异化"③；生产"压抑工人的多种多样的生产志趣和生产才能，人为地培植工人片面的技巧"④；人们"身体疲惫，精神麻木，不过是一架为别人生产财富的机器"⑤。不仅工人不能全面发展，而且创造了整个资本主义世界的资本家也同样得不到全面发展。正如恩格斯所说，"在目前的资产阶级社会中，人们就像受某种异己力量的支配一样，受自己所创造的经济关系、自己所生产的生产资料的支配"⑥。马克思也提出，"资本家——他事实上只是人格化的具有自己的意识和意志的资本"⑦，对工人的残酷剥削和压迫"并不取决于个别资本家的善意或恶意。自由竞争使资本主义生产的内在规律作为外在的强制规律对每个资本家起作

---

① 《马克思恩格斯文集》第2卷，人民出版社2009年版，第36页。
② 《马克思恩格斯全集》第42卷，人民出版社1979年版，第263页。
③ 《马克思恩格斯全集》第23卷，人民出版社1972年版，第743页。
④ 《马克思恩格斯全集》第23卷，人民出版社1972年版，第399页。
⑤ 《马克思恩格斯全集》第16卷，人民出版社1964年版，第161页。
⑥ 《马克思恩格斯文集》第9卷，人民出版社2009年版，第334页。
⑦ 《马克思恩格斯全集》第25卷，人民出版社1974年版，第323页。

用"①。因此，资本家并不能够时时掌控自己的命运，而是必须遵循资本规律。资本家也是抽象的、片面化的人。

资本主义的发展虽然带来人的抽象和片面的发展，但也带来了科技的迅速发展和物质财富的积累丰富。这样的条件为"一个更高级的、以每个人的全面而自由的发展为基本原则的社会形式创造现实基础"②。正是具备这样的基础，人们才能"科学地对待自己的不断发展的再生产过程"③，才能"不再从事那种可以让物来替人从事的劳动"④。马克思、恩格斯正是出生在这个时代，并根据当时的社会条件创立了马克思主义。

但是要想使人全面发展，不能仅仅有批判，而应在批判的基础上有所建构。马克思很早就对人进行了深刻的哲学思考，提出"人的本质不是单个人所固有的抽象物，在其现实性上，它是一切社会关系的总和"⑤。他认为社会性是人的本质属性，而且人的社会关系决定了人的本质。可以说，人的全面发展一定是社会关系的全面发展。因此，人的全面发展不仅仅是个人层次的发展，也是构成他社会关系的那部分人的全面发展，即全社会人的全面发展。正因如此，马克思和恩格斯致力于建立一个使人全面发展的新社会。在《共产党宣言》中，他们指出："代替那存在着阶级和阶级对立的资产阶级旧社会的，将是这样一个联合体，在那里，每个人的自由发展是一切人的自由发展的条件。"⑥他们在不同地方多次阐述了这一观点，共产主义社会是"每个人的全

---

① 《马克思恩格斯全集》第23卷，人民出版社1972年版，第312页。
② 《马克思恩格斯全集》第23卷，人民出版社1972年版，第649页。
③ 《马克思恩格斯全集》第46卷上册，人民出版社1979年版，第287页。
④ 《马克思恩格斯全集》第46卷上册，人民出版社1979年版，第287页。
⑤ 《马克思恩格斯文集》第1卷，人民出版社2009年版，第505页。
⑥ 《马克思恩格斯选集》第1卷，人民出版社1995年版，第294页。

面而自由的发展为基本原则的社会形式"①,是"在保证社会劳动生产力极高度发展的同时又保证人类最全面的发展的这样一种经济形态"②。在《资本论》中,马克思也提出,未来社会应该"用适应于不断变动的劳动需求而可以随意支配的人员,来代替那些适应于资本的不断变动的剥削需要而处于后备状态的、可供支配的、大量的贫穷工人人口;用那种把不同社会职能当作互相交替的活动方式的全面发展的个人,来代替只是承担一种社会局部职能的局部个人"③。

因此,马克思主义的经典作家通过构建科学的理论对资本主义社会进行研究批判,在此基础上对未来社会进行想象。而人的全面发展则是其中始终蕴含的价值追求。

实现人的全面发展不能一蹴而就。马克思、恩格斯在《德意志意识形态》中指出:"共产主义对我们说来不是应当确立的状况,不是现实应当与之相适应的理想。我们所称为共产主义的是那种消灭现存状况的现实的运动。这个运动的条件是由现有的前提产生的。"④因此,实现共产主义社会是一个漫长的历史过程。但既然是过程,每一个阶段的人的全面发展都有其发展的前提,以及在这个前提基础上的发展的阶段性目标。

中国共产党人对中国的社会主义现代化发展之路进行了不懈探索,都以人的全面发展作为自己的根本价值旨归。在社会主义革命和建设时期,新中国提出"四个现代化"战略目标,建立了独立的、比较完整的工业体系和国民经济体系,为中国式现代化提供了宝贵的经验、根本政治保障和物质基础。改革开放和社会

---

① 《马克思恩格斯全集》第23卷,人民出版社1972年版,第649页。
② 《马克思恩格斯全集》第19卷,人民出版社1963年版,第130页。
③ 《马克思恩格斯全集》第23卷,人民出版社1972年版,第561页。
④ 《马克思恩格斯全集》第3卷,人民出版社1960年版,第40页。

主义现代化建设时期，党和国家提出了建设小康社会的目标，在经济、政治、文化、社会、生态、教育、国防等方方面面共同推进，为人的全面发展打下坚实的基础。其中，在人的全面发展方面，邓小平提出，社会主义国家"不但要有高度的物质文明，而且要有高度的精神文明"①的观点，也提出培养"有理想、有道德、有文化、有纪律"②的社会主义新人的观点。江泽民更加重视人的全面发展问题，在庆祝中国共产党成立80周年大会上的讲话中指出，未来工作"既要着眼于人民现实的物质文化生活需要，同时又要着眼于促进人民素质的提高，也就是要努力促进人的全面发展。这是马克思主义关于建设社会主义新社会的本质要求。我们要在发展社会主义社会物质文明和精神文明的基础上，不断推进人的全面发展"③。胡锦涛面对当时出现的发展不全面的问题指出，要"统筹城乡发展、统筹区域发展、统筹经济社会发展、统筹人与自然和谐发展、统筹国内发展和对外开放，推动社会主义物质文明、政治文明、精神文明协调发展，促进人的全面发展"④。

党的十八大以来，中国共产党在理论和实践上进行了创新突破。在全面建成小康社会和创立习近平新时代中国特色社会主义思想的过程中，不断满足人民群众对美好生活的向往，"五位一体"协同推进，"四个全面"重点发展。这些都体现当下为人的全面发展做出了更大的努力。

习近平总书记透彻地指出，"现代化的本质是人的现代

---

① 《邓小平文选》第2卷，人民出版社1994年版，第367页。
② 《邓小平文选》第2卷，人民出版社1994年版，第110页。
③ 《江泽民文选》第3卷，人民出版社2006年版，第294页。
④ 《胡锦涛文选》第2卷，人民出版社2016年版，第215页。

化"①,"现代化的最终目标是实现人自由而全面的发展"②。可见,人的全面发展在中国式现代化中处于核心地位。党的二十大报告中提出中国式现代化的五大特征,即人口规模巨大的现代化、全体人民共同富裕的现代化、物质文明和精神文明相协调的现代化、人与自然和谐共生的现代化、走和平发展道路的现代化;中国式现代化的本质要求包括:实现高质量发展、发展全过程人民民主、丰富人民精神世界、实现全体人民共同富裕、促进人与自然和谐共生以及推动构建人类命运共同体。③这些都将现代化同人民群众紧紧联系在一起,旨在构造人的全面发展的必要条件。在2021年中央经济工作会议上,习近平总书记提出了未来的发展目标,"在我国社会主义制度下,既要不断解放和发展社会生产力,不断创造和积累社会财富,又要防止两极分化,切实推动人的全面发展、全体人民共同富裕取得更为明显的实质性进展"④。党的二十大报告也对未来的发展提出明确的要求,到2035年"人的全面发展、全体人民共同富裕取得更为明显的实质性进展"⑤。

总之,马克思、恩格斯创立了马克思主义,将社会主义从空想变成了科学,其中最根本的价值指向是为人类求解放,达到人的全面发展而非抽象的、片面的发展。中国共产党半个多世纪推进的社会主义现代化也始终以人的全面发展作为自己的最终目标。

---

① 《十八大以来重要文献选编(上)》,中央文献出版社2014年版,第594页。
② 习近平:《携手同行现代化之路》,《人民日报》2023年3月16日。
③ 习近平:《高举中国特色社会主义伟大旗帜 为全面建设社会主义现代化国家而团结奋斗——在中国共产党第二十次全国代表大会上的报告》,人民出版社2022年版,第22—24页。
④ 习近平:《正确认识和把握我国发展重大理论和实践问题》,《求是》2022年第9期。
⑤ 习近平:《高举中国特色社会主义伟大旗帜 为全面建设社会主义现代化国家而团结奋斗——在中国共产党第二十次全国代表大会上的报告》,人民出版社2022年版,第24页。

二、人民民主

科学社会主义通过研究和抨击资本主义民主的种种限制以及被掩盖在虚伪民主外衣下的专制,始终追求人民当家作主。党的二十大报告指出,"人民民主是社会主义的生命,是全面建设社会主义现代化国家的应有之义"①。中国式现代化在本质上作为社会主义现代化,也始终追求人民当家作主,并不断开拓民主的新境界,提出不断推进全过程人民民主。

本书所谈的"民主"是指政治制度层面的民主,属于政治上层建筑的范畴。列宁对民主有十分精辟的论述,他认为,"民主是国家形式,是国家形态的一种"②。国家形式是政体,指政权组织形式,国家形态是国体,指哪个阶级在国家中掌握政权。③可见,民主是有阶级性的,存在资产阶级的民主和无产阶级的民主之分。

马克思主义的民主思想诞生在西方资产阶级民主政治盛行的年代。孟德斯鸠、卢梭等资产阶级学者首先提出"主权在民"和"人民主权"的民主思想,并随着资产阶级政府的成立,成为当时新的政治制度。这种新的政治制度在反对封建主义时有着比较强的进步性,但是这种政治制度的基础是理性和抽象的人。因此,"抽象的人"一旦落回到现实中就变成了对民主的种种限制,实际上代表少数资本家的利益。参加资产阶级革命的绝大多数反

---

① 习近平:《高举中国特色社会主义伟大旗帜 为全面建设社会主义现代化国家而团结奋斗——在中国共产党第二十次全国代表大会上的报告》,人民出版社2022年版,第37页。
② 《列宁全集》第31卷,人民出版社1985年版,第96页。
③ 李慎明:《试论马克思主义人民民主思想:基本内涵和实践路径》,《政治学研究》2020年第6期。

而得到的只是空头支票。因此，如何实现真正人民当家作主的任务历史性地落在马克思主义经典作家们的身上。

马克思、恩格斯创立了历史唯物主义用以剖析人类社会。他们认为"事实上，恰好是在1849年至1859年这一反动时期，工商业在大陆上得到了空前大发展，资产阶级政治统治的物质基础也随之加强了。事实上，在那个时期，'民主派的一切道义上的愤懑和热情的宣言'都被经济关系碰得粉碎了"①。在分析资产阶级民主共和国时，他们提出"民主共和国并不消除两个阶级的对立，相反，正是它才提供了一个为解决这一对立而斗争的地盘"②。可见资产阶级的民主并非他自身所宣传的是最普遍的民主，实际上也是资产阶级为了缓解或者转移阶级矛盾的统治工具。他们指出，美国的两党制实际上是"两大帮政治投机家，他们轮流执掌政权，以最肮脏的手段来达到最肮脏的目的，而国民却无力对付这两大政客集团"③；普选制是"为了每三年或六年决定一次由统治阶级中什么人在议会里当人民的假代表"④。因此，其他被统治阶级没有被纳入选举当中。列宁也对资本主义的民主制度作了鞭辟入里的分析，他认为"只要有不同的阶级存在，就不能说'纯粹民主'，而只能说阶级的民主"⑤。"资产阶级民主无论在何时何地都保证公民不分性别、宗教、种族、民族一律平等，但是它无论在什么地方也没有实行过"⑥，"至于普选权、立宪会议和议会，那不过是形式，不过是一种支票，丝毫也

---

① 《马克思恩格斯全集》第19卷，人民出版社2006年版，第153页。
② 《马克思恩格斯选集》第4卷，人民出版社2012年版，第85页。
③ 《马克思恩格斯选集》第3卷，人民出版社2012年版，第54页。
④ 《马克思恩格斯选集》第3卷，人民出版社2012年版，第100页。
⑤ 《列宁选集》第3卷，人民出版社1995年版，第600页。
⑥ 《列宁选集》第3卷，人民出版社1995年版，第700页。

不能改变事情的实质"①，"极少数人享受民主，富人享受民主——这就是资本主义社会的民主制度"②。因此，资产阶级民主具有虚伪性，没有实现真正的人民当家作主。

马克思主义主张通过无产阶级革命的方式打碎旧的国家机器，从而建立一个新的国家机器，以实行无产阶级专政。只有如此才能将民主真正地实行下去。《共产党宣言》也明确指出，工人革命的第一步是"使无产阶级上升为统治阶级，争得民主"③。无产阶级是绝大多数，因此无产阶级的民主是绝大多数人的真正的当家作主。马克思主义的经典作家在理论和实践中不断追求这一真正的民主。马克思、恩格斯对巴黎公社的实践非常看重，他们根据巴黎公社的经验，认为"公社——这是社会把国家政权重新收回，把它从统治社会、压制社会的力量变成社会本身的充满生气的力量；这是人民群众把国家政权重新收回，他们组成自己的力量去代替压迫他们的有组织的力量"④。因此，他们应该采取系列的方法来始终保障无产阶级自己做自己的主人，包括普选以及有权随时罢免，公职人员领取与熟练工人相当的工资，实行免费教育，工厂由工人协作管理等。因此，他们认为"人们对公社有多种多样的解释，多种多样的人把公社看成自己利益的代表者，这证明公社完全是一个具有广泛代表性的政治形式，而一切旧有的政府形式都具有非常突出的压迫性。公社的真正秘密就在于：它实质上是工人阶级的政府，是生产者阶级同占有者阶级斗争的产物，是终于发现的可以使劳动在经济上获得解放的政治形

---

① 《列宁选集》第4卷，人民出版社1972年版，第54页。
② 《列宁选集》第3卷，人民出版社1995年版，第189页。
③ 《马克思恩格斯选集》第1卷，人民出版社2012年版，第421页。
④ 《马克思恩格斯选集》第3卷，人民出版社2012年版，第140页。

式"①。其中观点明显阐明了社会主义民主本质上就是要扬弃资本主义的民主形式，从而真正实现人民当家作主。

列宁将社会主义从理论变成现实，在建设苏维埃政权的实践过程中不断进行经验总结，期待调动所有人建设苏维埃的积极性。"无产阶级民主（苏维埃政权就是它的一种形式）在世界上史无前例地发展和扩大了的，正是对大多数居民即对被剥削劳动者的民主。"②"人民把社会主义的苏维埃政权同资产阶级的共和国作了比较，获得一个信念：资产阶级帝国主义的旧的改革和旧的机关不符合被剥削劳动者的利益，只有苏维埃政权才符合他们的利益，因为无论是工人，无论是士兵、农民、铁路员工，一切劳动者都可以自由地把自己的代表选进苏维埃，自由地罢免那些不能满足人民的要求和愿望的代表。"③而且国家"不仅仅需要民主形式的代表机构，而且需要建立由群众自己从下面来全面管理国家的制度，让群众有效地参加各方面的生活，让群众在管理国家中起积极的作用"④。

民主是一个历史范畴，任何民主都要与社会发展阶段相联系，社会主义民主也不例外。社会主义民主本身也有产生、发展以及逐渐成熟的过程。因此，社会主义民主也有一个由低级向高级逐步发展的历程。

习近平总书记明确指出："人民民主是社会主义的生命，没有民主就没有社会主义，就没有社会主义的现代化，就没有中华民族伟大复兴。"⑤实现人民当家作主是中国共产党矢志不渝的初

---

① 《马克思恩格斯文集》第3卷，人民出版社2009年版，第157—158页。
② 《列宁选集》第3卷，人民出版社1995年版，第305页。
③ 《列宁全集》第33卷，人民出版社1985年版，第299页。
④ 《列宁全集》第29卷，人民出版社1985年版，第287页。
⑤ 习近平：《在中央人大工作会议上的讲话》，《求是》2022年第5期。

心和历史使命，也是中国式现代化的本质要求。百余年来，中国共产党始终以实现人民当家作主为己任，高举人民民主旗帜，团结带领中国人民进行长期不懈奋斗，在一个有几千年封建社会历史、近代成为半殖民地半封建社会的国家实现了人民当家作主，推进了全过程人民民主。新民主主义革命时期，中国共产党领导中国人民为争取民主、反抗压迫和剥削进行了艰苦卓绝斗争，取得了新民主主义革命胜利，成立了新中国，实现了中国从几千年封建专制政治向人民民主的伟大飞跃。社会主义革命和建设时期，中国共产党领导建立的国家各项制度都是围绕人民当家作主构建的，国家治理体系的构建都是围绕实现人民当家作主运转的。中国共产党领导中国人民建立和巩固了国家政权，对生产资料进行了社会主义改造，制定颁布了新中国第一部宪法，确立了人民代表大会制度、中国共产党领导的多党合作和政治协商制度、民族区域自治制度，人民当家作主的政治架构、经济基础、法律原则、制度框架基本确立并不断发展，中国的民主大厦巍然耸立起来。改革开放和社会主义现代化建设新时期，党坚定不移推进社会主义民主法治建设，坚持中国特色社会主义政治发展道路，坚持党的领导、人民当家作主、依法治国有机统一，积极稳妥推进政治体制改革，巩固和发展人民代表大会制度，日益完善中国共产党领导的多党合作和政治协商制度、民族区域自治制度、基层群众自治制度等基本政治制度，民主发展的政治制度保障和社会物质基础更加坚实，推动了人民民主进入法治化、规范化、程序化时期，人民民主更加广泛、真实、管用。

中国特色社会主义新时代，以习近平同志为核心的党中央，立足新的历史方位，深刻把握中国社会主要矛盾发生的新变化，积极回应人民对民主的新要求、新期盼，团结带领人民发展全过程人民民主，中国的民主发展进入历史新时期，民主价值和理念进一步转化为科学有效的制度安排和具体现实的民主实践。习近平总书记曾强调："民主不是一种定制的产品，全世界都一个模式、一个规格。"①中国的民主没有照搬西方资本主义的民主模式，而是根据自己特殊的国情选择的最适合自己的民主形式，提出了全过程人民民主。党的二十大报告明确指出，发展全过程人民民主是中国式现代化的本质要求之一。这就是将发展全过程人民民主作为中国式现代化在政治领域的未来发展目标。因此，应继续坚定不移走中国特色社会主义政治发展道路，健全人民当家作主制度体系，继续深入推进全过程人民民主。

三、共同富裕

马克思、恩格斯通过研究资本主义社会，探索其生产方式内在运行的规律，对资本主义的阶级剥削压迫进行无情的揭露和批判。从而立志于埋葬资本主义，消灭私有制建立公有制，从而建成没有剥削、压迫，物质财富充分涌流，精神生活极大丰富的共产主义社会。科学社会主义理论的建立也基于同样的价值追求。中国式现代化也将全体人民共同富裕作为自己的本质追求，在中国特色社会主义的建设中不断实现共同富裕。

马克思、恩格斯对未来没有剥削压迫的社会进行合理的推测，提出未来社会是所有人共同享受社会的福利。《共产党宣言》中提出无产阶级摆脱压迫的步骤："无产阶级将利用自己的政治统治，一步一步地夺取资产阶级的全部资本，把一切生产工具集

---

① 《习近平同美国总统拜登举行视频会晤》，《人民日报》2021年11月17日。

中在国家即组织成为统治阶级的无产阶级手里，并且尽可能快地增加生产力的总量。"①并在此基础上，提出了建立自由人的联合体的目标，但在《共产主义原理》中，恩格斯对联合体给出了更详尽的描述，"由社会全体成员组成的共同联合体来共同地和有计划地利用生产力；把生产发展到能够满足所有人的需要的规模；结束牺牲一些人的利益来满足另一些人的需要的状况；彻底消灭阶级和阶级对立；通过消除旧的分工，通过产业教育、变换工种，所有人共同享受大家创造出来的福利"②。可见，在新的制度下生产力获得了大发展，而且生产为社会的所有人服务。社会所有人生产所得的成果也必然以各种形式分享给社会的所有人。因而，在新的社会制度中，"社会生产力发展如此迅速，以致尽管生产将以人们的共同富裕为目的，但所有人的可自由支配时间还是会增加"③。他们认为社会主义取代资本主义并非仅仅继承资本主义的生产力水平，只需在分配上体现就可以了，而是在社会财富的继续增加基础上分享给社会所有成员。可见，他们虽然并没有提出共同富裕的概念，但已经将其中的核心思想表达完全。

列宁继承马克思、恩格斯对新社会的设想，"我们要争取新的、更好的社会制度：在这个新的、更好的社会里不应该有穷有富，大家都应该做工。共同劳动的成果不应该归一小撮富人享受，应该归全体劳动者享受"④。社会主义的胜利并非发生在发达的资本主义国家，而是发生在经济文化落后的俄国，同时象征着马克思主义从理论变成现实。面对经济文化落后的俄国，列宁

---

① 《马克思恩格斯文集》第2卷，人民出版社2009年版，第52页。
② 《马克思恩格斯选集》第1卷，人民出版社2012年版，第308页。
③ 《马克思恩格斯文集》第8卷，人民出版社2009年版，第200页。
④ 《列宁全集》第7卷，人民出版社2013年版，第112页。

再次提出:"在社会主义制度下,全体工人,全体中农,人人都能在决不掠夺他人劳动的情况下完全达到和保证达到富足的程度。"①他认为,在新的社会制度保障下,人人都能够享受到所有人共同的劳动成果。斯大林也认为,"社会主义不是要大家贫困,而是要消灭贫困,为社会全体成员建立富裕的和文明的生活"②,而"社会主义只有在高度的劳动生产率基础上,只有在比资本主义制度更高的劳动生产率基础上,只有在产品和各种消费品丰裕的基础上,只有在社会全体成员都过着富裕而有文化的生活的基础上,才能获得胜利"③。他认为,社会主义社会生产力相比于资本主义社会是占优势的,只有生产力水平提高了,全体社会成员分享社会财富时才能让人们脱离贫困,才能称得上富裕。

马克思主义指出,"人的本质不是单个人所固有的抽象物,在其现实性上,它是一切社会关系的总和"④。因此,现实中,人的全面发展不仅要有物质基础,完成其动物性的满足,更重要是发展其社会性,在精神方面得到提升。马克思主义在要求实现无产阶级掌握政权之后大力发展生产,为实现共产主义创造物质条件。但"支配着物质生产资料的阶级,同时也支配着精神生产资料"⑤,所以同样也不能忽视对精神生活的生产。历史唯物主义指出,"物质生活生产方式制约着整个社会生活、政治生活和精神生活的过程"⑥。"人类始终只提出自己能够解决的任务,因为只要仔细考察就可以发现,任务本身,只有在解决它的物质条

---

① 《列宁全集》第35卷,人民出版社2017年版,第470页。
② 《斯大林选集》下卷,人民出版社1979年版,第337页。
③ 《斯大林选集》下卷,人民出版社1979年版,第375页。
④ 《马克思恩格斯文集》第1卷,人民出版社2009年版,第501页。
⑤ 《马克思恩格斯文集》第1卷,人民出版社2009年版,第550页。
⑥ 《马克思恩格斯选集》第2卷,人民出版社2012年版,第2页。

件已经存在或者至少是在生成过程中的时候，才会产生。"① 因此，只有生产力达到一定水平，实现精神生活共同富裕，才有提出的价值和实现的主客体条件。

实现共同富裕"是一个长期的历史过程"②，但中国共产党牢记"贫穷不是社会主义"，在推进现代化过程中，领导中国人民不断解决人们的物质生活问题，不断实现人们对美好生活的期盼，不断促进社会公平正义。新民主主义时期，毛泽东面对贫富分化严重、国弱民穷的大环境，带领中国共产党进行土地革命，在根据地和解放区颁布《中国土地法大纲》，"耕者有其田"真正意义上得以实现。这一举措使得占当时80%以上人口的农民得到了自己应有的土地，生活得到了保障，农民的革命积极性得到了空前的提高。在全国人民的支持下，中国共产党建立了新中国，为中国的现代化奠定根本的政治基础。新中国成立后，毛泽东面对依然既不富又不强的国内现实环境，明确指出要实行社会主义的改造，提出"现在我们实行这么一种制度，这么一种计划，是可以一年一年走向更富更强的，一年一年可以看到更富更强些。而这个富，是共同的富，这个强，是共同的强，大家都有份"③，而且"这种共同富裕，是有把握的，不是什么今天不晓得明天的事。那种不能掌握自己命运的情况，在几个五年计划之内，应该逐步结束"④。他也提出了具体的发展方向，即"没有工业，便没有巩固的国防，便没有人民的福利，便没有国家的富强"⑤。这使得在那个时期建立起独立的比较完整的工业体系和国民经济

---

① 《马克思恩格斯选集》第2卷，人民出版社2012年版，第3页。
② 习近平：《高举中国特色社会主义伟大旗帜　为全面建设社会主义现代化国家而团结奋斗——在中国共产党第二十次全国代表大会上的报告》，人民出版社2022年版，第22页。
③ 《毛泽东文集》第6卷，人民出版社1999年版，第495页。
④ 《毛泽东文集》第6卷，人民出版社1999年版，第496页。
⑤ 《毛泽东选集》第3卷，人民出版社1991年版，第1080页。

体系，为共同富裕的实现打下了坚实的物质基础。改革开放和社会主义现代化建设时期，邓小平拉开改革开放的序幕，强调，"社会主义与资本主义不同的特点就是共同富裕，不搞两极分化"①，"社会主义的本质是解放生产力，发展生产力，消灭剥削，消除两极分化，最终达到共同富裕"②。而且对共同富裕有了新的认识，"共同富裕决不等于也不可能是完全平均，绝不等于也不可能是所有社会成员在同一时间以同等速度富裕起来"③，必须首先"让一部分人、一部分地区先富起来，以带动和帮助落后的地区，先进地区帮助落后地区是一个义务"④。这种思想激发了各方面的积极性，现代化的进程加快，中国人民的生活水平有了很大的提升，国力也日趋强盛，成为全球第二大经济体。在这一时期，中国共产党也不断带领全国人民建设小康社会。在2000年总体实现小康的基础上开始全面建设小康社会。党的十八大以来，习近平总书记面对世界百年未有之大变局，在统筹两个大局中坚持首先办好中国的事，抓住实现"共同富裕"的接力棒，经过8年多的努力，到2020年底，中国共有7.7亿农村贫困人口摆脱贫困，全面建成了小康社会。全面小康不仅是物质财富单方面的小康，也是"五位一体"的小康。小康社会的全面建成是共同富裕之路上的关键一环。

习近平总书记指出："共同富裕是社会主义的本质要求，是中国式现代化的重要特征。我们说的共同富裕是全体人民共同富裕，是人民群众物质生活和精神生活都富裕，不是少数人的富

---

① 《邓小平文选》第3卷，人民出版社1993年版，第123页。
② 《邓小平文选》第3卷，人民出版社1993年版，第373页。
③ 《十二大以来重要文献选编（中）》，人民出版社1986年版，第578页。
④ 《邓小平文选》第3卷，人民出版社1993年版，第155页。

裕，也不是整齐划一的平均主义。"①中国不仅在物质财富方面将蛋糕做大分好，同时也将更多的发展成果惠及全体人民，同时也重视人们精神生活的发展。党的二十大对中国式现代化的特征进行了详细说明，其中提出，"中国式现代化是全体人民共同富裕的现代化"②，而不是两极分化的现代化。不仅如此，"中国式现代化是物质文明和精神文明相协调的现代化"③。物质富足之后，精神方面也要协同发展起来，"物质富足、精神富有是社会主义现代化的根本要求。物质贫困不是社会主义，精神贫乏也不是社会主义"④。

当前，中国共产党十分重视共同富裕的切实实现，并作出了具体部署。中国式现代化的本质要求中提出，将来要"丰富人民精神世界，实现全体人民共同富裕"⑤。在增进民生福祉、提高人民生活品质方面，"增强均衡性和可及性，扎实推进共同富裕"⑥。2035年的总体目标中，也具体提出了"全体人民共同富裕取得更为明显的实质性进展"⑦。这里不仅指的是物质方面，也包括精神方面。因此，新时代推进中国式现代化，将继续不断

---

① 习近平：《扎实推动共同富裕》，《求是》2021年第20期。
② 习近平：《高举中国特色社会主义伟大旗帜　为全面建设社会主义现代化国家而团结奋斗——在中国共产党第二十次全国代表大会上的报告》，人民出版社2022年版，第22页。
③ 习近平：《高举中国特色社会主义伟大旗帜　为全面建设社会主义现代化国家而团结奋斗——在中国共产党第二十次全国代表大会上的报告》，人民出版社2022年版，第22页。
④ 习近平：《高举中国特色社会主义伟大旗帜　为全面建设社会主义现代化国家而团结奋斗——在中国共产党第二十次全国代表大会上的报告》，人民出版社2022年版，第22—23页。
⑤ 习近平：《高举中国特色社会主义伟大旗帜　为全面建设社会主义现代化国家而团结奋斗——在中国共产党第二十次全国代表大会上的报告》，人民出版社2022年版，第23—24页。
⑥ 习近平：《高举中国特色社会主义伟大旗帜　为全面建设社会主义现代化国家而团结奋斗——在中国共产党第二十次全国代表大会上的报告》，人民出版社2022年版，第46页。
⑦ 习近平：《高举中国特色社会主义伟大旗帜　为全面建设社会主义现代化国家而团结奋斗——在中国共产党第二十次全国代表大会上的报告》，人民出版社2022年版，第24页。

满足人民对美好生活的向往,"着力维护和促进社会公平正义,着力促进全体人民共同富裕,坚决防止两极分化"①;将继续"不断夯实人民幸福生活的物质条件,同时大力发展社会主义先进文化,加强理想信念教育,传承中华文明,促进物的全面丰富和人的全面发展"②。

四、人靠自然界生活

建设美丽家园是全世界人类共同的梦想。资本主义社会以资本为中心,导致人对自然的肆意掠夺和破坏,马克思主义经典作家们大力批判这与自然对立的态度,始终追求人与自然的和谐相处,提出"人靠自然界生活"③的论断。科学社会主义作为指导社会主义建设的理论也始终怀揣着这样的追求。中国式现代化不走西方征服自然、掠夺自然的老路,始终追求人与自然和谐共生,追求发展与自然的有机统一。

资本主义生产方式的产生极大促进了工业的发展,以之前时代无法想象的速度对自然进行无休止的开垦。虽然极大地促进了生产力的发展,但也对自然产生了任何世代都无法想象的资源破坏和环境污染,对人类的生存也造成了严重威胁。马克思提出,人的劳动"是人和自然之间的物质变换即人类生活得以实现的永恒的自然必然性"④。因此,人与自然之间一定存在这种物质交

---

① 习近平:《高举中国特色社会主义伟大旗帜　为全面建设社会主义现代化国家而团结奋斗——在中国共产党第二十次全国代表大会上的报告》,人民出版社2022年版,第22页。
② 习近平:《高举中国特色社会主义伟大旗帜　为全面建设社会主义现代化国家而团结奋斗——在中国共产党第二十次全国代表大会上的报告》,人民出版社2022年版,第23页。
③《马克思恩格斯选集》第1卷,人民出版社2012年版,第55页。
④《马克思恩格斯文集》第5卷,人民出版社2009年版,第56页。

换过程。但在资本主义的生产方式下,"劳动生产率也是和自然条件联系在一起的,这些自然条件的丰饶度往往随着社会条件所决定的生产率的提高而相应地减低……例如,我们只要想一想……森林、煤矿、铁矿的枯竭等等,就明白了"①。资本主义的生产方式,实际上就造成了人与自然界之间物质交换的断裂。马克思、恩格斯对这种现象有印象深刻的见闻。在《英国工人阶级状况》中,恩格斯提出,曼彻斯特小爱尔兰工人贫民窟中,"这里的空气由于成打的工厂烟囱冒着黑烟,本来就够污浊沉闷的了……在这种难以想象的肮脏恶臭的环境中,在这种似乎是被敌意毒化了的空气中,在这种条件下生活的人们,的确不能不下降到人类的最低阶段"②。他在考察工业城市对艾尔河的影响时提出,"这条河像一切流经工业城市的河流一样,流入城市的时候是清澈见底的,而在城市另一端流出的时候却又黑又臭,被各色各样脏东西弄得污浊不堪了"③。可见,生活在这个环境中的工人也深受毒害。奥克斯在考察资本主义发展的农业技术时,提出资本家只愿意看重眼前利益,"资本主义农业的任何进步,都不仅是掠夺劳动者的技巧的进步,而且是掠夺土地的技巧的进步,在一定时期内提高土地肥力的任何进步,同时也是破坏土地肥力持久源泉的进步"④。而且资本家只愿伐木而不愿造林。"文明和产业的整个发展,对森林的破坏从来就起很大的作用,对比之下,它所起的相反的作用,即对森林的护养和生产所起的作用则微乎其微。"⑤恩格斯对这些现象发出感慨:"我们不要过分陶

---

① 《马克思恩格斯全集》第25卷,人民出版社2004年版,第289页。
② 《马克思恩格斯全集》第2卷,人民出版社1957年版,第342页。
③ 《马克思恩格斯全集》第2卷,人民出版社1957年版,第320页。
④ 《马克思恩格斯全集》第44卷,人民出版社2001年版,第579—580页。
⑤ 《马克思恩格斯全集》第45卷,人民出版社2003年版,第272页。

醉于我们人类对自然界的胜利。对于每一次这样的胜利，自然界都对我们进行报复。"①工业的发展本来是为人自身服务的，但是在资本主义生产方式下，造成了人与自然之间的异化。

马克思面对这种人与自然之间狭隘的关系，首先指出人与自然的最基本的关系："自然界，就它自身不是人的身体而言，是人的无机的身体。人靠自然界生活。"②恩格斯进一步提出，"我们连同我们的肉、血和头脑都是属于自然界和存在于自然界之中的"③。而且，"没有自然界，没有感性的外部世界，工人什么也不能创造"④。可以说，人是自然界发展到一定阶段所诞生的产物，是自然界所诞生的无数物种中的一类。人类脱离自然界便无法生存，而非自然界无法脱离人类。人反而需要依靠自然直接获取或生产自身生存所需的物质资料。所以人不应该凌驾于自然界之上，而是自然界的一部分。

社会主义虽然同样大力发展生产力，但是所追求的不是与自然的对抗，而是秉持尊重自然、保护自然的生态理念，实际上是围绕人的全面发展、人的生存质量以及人类发展永续的角度进行考虑的。马克思认为，由于消除了私有制，"这种共产主义，作为完成了的自然主义，等于人道主义，而作为完成了的人道主义，等于自然主义，它是人和自然之间、人和人之间的矛盾的真正解决"⑤。恩格斯也曾指出："我们这个世纪面临的大变革，即人同自然的和解以及人同本身的和解。"⑥其中，经过革命建立的未来社会将既作为人全面发展的保障，也作为自然得以永续发展

---

① 《马克思恩格斯选集》第3卷，人民出版社2012年版，第998页。
② 《马克思恩格斯选集》第1卷，人民出版社2012年版，第55页。
③ 《马克思恩格斯选集》第3卷，人民出版社2012年版，第998页。
④ 《马克思恩格斯选集》第1卷，人民出版社2012年版，第52页。
⑤ 《马克思恩格斯文集》第4卷，人民出版社2009年版，第185页。
⑥ 《马克思恩格斯全集》第1卷，人民出版社1956年版，第603页。

的保障。未来社会，由于没有私有制所导致的以资本为中心，人与自然之间的关系是和谐的，实际上还是以整个人类的利益为中心。

中国共产党在社会主义现代化建设的历程中，在不同阶段都十分重视环境问题，对发展进行调整，不断促进人与自然的和谐共生。

新中国建立后，中国共产党带领中国人民倾举国之力开始进行社会主义现代化建设。1954年召开的第一届人代会第一次会议就提出要"建设起强大的现代化的工业、现代化的农业、现代化的交通运输业和现代化的国防"①。面对刚刚开始现代化的中国，不免会开始"向自然开战"②。但毛泽东指出，不能盲目开战，"如果对自然界没有认识，或者认识不清楚，就会碰钉子，自然界就会处罚我们"③。但随着社会主义的建设，环境的污染问题也开始突出，国家开始重视污染治理和防治。国家计划委员会于1973年8月召开中国第一次环境保护会议，提出环境保护工作32字方针，并且颁布中国第一个环境保护文件——《关于保护和改善环境的若干规定》。这使得从中央到各地区、各有关部门，都相继建立起环境保护机构，并制定各种规章制度，加强了对环境的管理。

改革开放后，党和国家为了快速摆脱贫穷的局面，开始了以廉价劳动力和资源投入为主的粗放型发展模式。这使得中国的环境受到影响，资源也面临愈发短缺的局面。1983年12月第二次全国环境保护会议在北京召开，时任国务院副总理李鹏在会议上

---

① 《周恩来选集》下卷，人民出版社1984年版，第132页。
② 《毛泽东文集》第7卷，人民出版社1993年版，第216页。
③ 《毛泽东文集》第8卷，人民出版社1999年版，第72页。

宣布：保护环境是我国必须长期坚持的一项基本国策。会议上不仅提出环境保护的相关方针政策，也提出将环境保护纳入法律体系。但随着改革开放的深入发展，发展战略和环境保护的矛盾日趋明显，党和国家领导人对环境保护亦越来越重视。江泽民提出"要促进人和自然的协调与和谐，使人们在优美的生态环境中工作和生活"①；胡锦涛进一步提出深入贯彻落实全面、协调、可持续的科学发展观，强调"要建设以资源环境承载力为基础、自然规律为准则、以可持续发展为目标的资源节约型、环境友好型社会"②。2004年召开的中共十六届四中全会首次提出"人与自然和谐相处"的重要论述，成为社会主义和谐社会的重要组成部分。

党的十八大以来，习近平总书记站在人类历史发展的高度，以前所未有的姿态重视生态问题，并指出："建设生态文明是中华民族永续发展的千年大计"③，将生态文明纳入"五位一体"的总体布局中，也对人与自然的和谐共生进行更加系统和深刻的揭示，将生态环境同经济发展以及增进民生福祉等紧密联系起来，研究其中相互促进的关系，并非对立处之。

中国的发展离不开自然。习近平总书记指出"人与自然是一种共生关系"④，"生态环境是人类生存最为基础的条件"⑤，"人类可以利用自然、改造自然，但归根结底是自然的一部分，必须呵护自然，不能凌驾于自然之上"⑥。因此，"人类对大自然的伤

---

① 《江泽民文选》第3卷，人民出版社2006年版，第295页。
② 胡锦涛：《坚定不移沿着中国特色社会主义道路前进　为全面建成小康社会而奋斗》，《人民日报》2012年11月18日。
③ 《习近平谈治国理政》第3卷，外文出版社2020年版，第19页。
④ 《习近平关于社会主义生态文明建设论述摘编》，中央文献出版社2017年版，第11页。
⑤ 《习近平关于社会主义生态文明建设论述摘编》，中央文献出版社2017年版，第13页。
⑥ 《十八大以来重要文献选编（中）》，中央文献出版社2016年版，第697页。

害最终会伤及人类自身，这是无法抗拒的规律"①。反过来，人类与大自然和谐共生，大自然也将回馈于人类。

在生态环境与经济发展方面，习近平总书记指出，"绿水青山既是自然财富、生态财富，又是社会财富、经济财富"②。认为"保护生态环境就是保护生产力，改善生态环境就是发展生产力"③。人们生产生活几乎都取之于自然，自然资源和环境得到保护和可持续的利用，人类也将能在自然中永续发展。

在生态环境与增进民生福祉方面，习近平总书记指出，"发展经济是为了民生，保护生态环境同样也是为了民生"④，"良好生态环境是最公平的公共产品，是最普惠的民生福祉"⑤，也能"提供更多优质生态产品以满足人民日益增长的优美生态环境需要"⑥。

可见，人与自然环境的共生并非为了自然，而是为了人类的自身发展。正是认识到了人与自然的辩证关系，党的二十大将"促进人与自然和谐共生"作为中国式现代化的本质要求之一，在未来"坚持可持续发展，坚持节约优先、保护优先、自然恢复为主的方针，像保护眼睛一样保护自然和生态环境，坚定不移走生产发展、生活富裕、生态良好的文明发展道路，实现中华民族永续发展"⑦。

---

① 《习近平谈治国理政》第3卷，外文出版社2020年版，第360—361页。
② 《习近平谈治国理政》第3卷，外文出版社2020年版，第361页。
③ 习近平：《海南考察工作结束时的讲话》，《人民日报》2013年4月11日。
④ 《习近平谈治国理政》第3卷，外文出版社2020年版，第362页。
⑤ 《习近平关于社会主义生态文明建设论述摘编》，中央文献出版社2017年版，第4页。
⑥ 习近平：《决胜全面建成小康社会 夺取新时代中国特色社会主义伟大胜利》，《人民日报》2017年10月28日。
⑦ 习近平：《高举中国特色社会主义伟大旗帜 为全面建设社会主义现代化国家而团结奋斗——在中国共产党第二十次全国代表大会上的报告》，人民出版社2022年版，第23页。

第三章

彰显社会主义核心价值观

"中国式现代化新道路"是习近平总书记在庆祝中国共产党成立100周年大会上首次创造性提出的论断,这一论断在党的十九届六中全会审议通过的《中共中央关于党的百年奋斗重大成就和历史经验的决议》得到了进一步的强调。党领导人民成功走出中国式现代化道路,创造了人类文明新形态,拓展了发展中国家走向现代化的途径①。党的二十大报告更明确地将"团结带领全国各族人民全面建成社会主义现代化强国,实现第二个百年奋斗目标,以中国式现代化全面推进中华民族伟大复兴"②作为中国共产党新时代的中心任务。改革开放40多年来,我国的现代化建设取得了举世瞩目的成就:从经济方面来看,我国的经济总量目前位居世界第二位,仅次于美国;从国内生活水平来看,现在中国人民的生活水平处于500多年来最好的时期,无论是与中国历史上还是与同期其他国家相比。

我国现代化建设取得如此成就的背后,离不开一个前提,那就是中国特色。习近平总书记在省部级主要领导干部学习贯彻党的十九届五中全会精神专题研讨班开班式上的讲话中指出:"我们的任务是全面建设社会主义现代化国家,当然我们建设的现代化必须是具有中国特色、符合中国实际的。"③中国式现代化是对中国式现代化道路、制度、目标、特色、本质要求、重大原则等多重内容的提炼总结,体现了矛盾的普遍性与特殊性相统一的规律,打破了资本主义现代化方式的"唯一性",不仅开拓了一条由中国独创的现代化道路,更蕴含了富有中国特色的社会主义核

---

① 《中共中央关于党的百年奋斗重大成就和历史经验的决议》,人民出版社2021年版,第64页。
② 习近平:《高举中国特色社会主义伟大旗帜 为全面建设社会主义现代化国家而团结奋斗——在中国共产党第二十次全国代表大会上的报告》,人民出版社2022年版,第21页。
③ 习近平:《把握新发展阶段,贯彻新发展理念,构建新发展格局》,《求是》2021年第9期。

心价值观。社会主义核心价值观具体体现在中国式现代化的五个特征中。

一、整体迈进现代化

人口规模巨大的现代化是中国式现代化的显著特征，充分彰显中国式现代化价值观人民性的特点。"我们不同于几十万人、几百万人、几千万人的现代化，而是十四亿多人口的现代化。"[①]中国式现代化是人类历史上规模最大的现代化，也是难度最大的现代化"。人口规模不同，现代化的任务就不同，其艰巨性、复杂性就不同，发展途径和推进方式也必然具有自己的特点。18世纪下半叶英国开启现代化时人口是千万级的，20世纪后美国逐渐领跑现代化时人口是上亿级的，而中国式现代化是14亿多人口的现代化。

这一特点"改变现代化的世界版图"。现在，全球进入现代化的国家也就20多个，总人口10亿左右。中国14亿多人口整体迈入现代化，规模超过现有发达国家人口的总和，使世界上迈入现代化的人口翻一番多，将极大地改变现代化的世界版图，在人类历史上是一件有深远影响的大事。这一特点也决定了中国式现代化"一系列难题和挑战"。大有大的优势，大也有大的难处。超大规模的人口，既能提供充足的人力资源和超大规模市场，也带来一系列难题和挑战。以中国的体量，再大的成就除以14亿多人都会变得很小，再小的问题乘以14亿多人都会变得很大。

---

① 《中国式现代化是强国建设、民族复兴的康庄大道——论深入学习领会习近平总书记在学习贯彻党的二十大精神研讨班开班式上重要讲话》，《人民日报》2023年2月11日。

正如习近平总书记强调指出的，光是解决14亿多人的吃饭问题，就是一个不小的挑战。还有就业、分配、教育、医疗、住房、养老、托幼等问题，哪一项解决起来都不容易，哪一项涉及的人群都是天文数字。这一特点要求"保持历史耐心"。我国14亿多人口整体迈进现代化社会，艰巨性和复杂性前所未有，在世界上没有现成模式可遵循、没有成熟经验可借鉴、没有外部力量可依赖。习近平总书记强调："我们想问题、作决策、办事情，首先要考虑人口基数问题，考虑我国城乡区域发展水平差异大等实际，既不能好高骛远，也不能因循守旧，要保持历史耐心，坚持稳中求进、循序渐进、持续推进。"

人口规模巨大，决定了我国现代化必须走一条属于自己的道路。党的十八大以来，在习近平新时代中国特色社会主义思想的指导下，我国在经济、民生等领域取得诸多举世瞩目的成就，中国人民共享中国式现代化的成果。不同于资本主义是少数人的现代化，中国的现代化是一个依靠中国人民并服务于中国人民的现代化。中国式现代化这一命题来自对中国现代化进程的总结和提炼，对中国现代化进程的制度、特色、本质要求、重大原则等多重内容的归纳和升华。"如果我们的人民不能坚持在我国大地上形成和发展起来的道德价值"[1]，"如果没有自己的精神独立性，那政治、思想、文化、制度等方面的独立性就会被釜底抽薪"[2]。因此，中国式现代化的核心价值即为"中国特色社会主义价值观念"[3]。而价值观是人们在实践中形成的对于价值、价值关系的一般看法和根本观点，是处理各种价值问题时所持有的比较稳定

---

[1]《习近平关于社会主义文化建设论述摘编》，中央文献出版社2017年版，第139页。
[2]《习近平关于社会主义文化建设论述摘编》，中央文献出版社2017年版，第139页。
[3] 习近平：《建设社会主义文化强国，着力提高国家文化软实力》，《人民日报》2014年1月1日。

的立场、观点和态度的总和。核心价值观是一个社会中居统治地位、起支配作用的核心理念，也是一个社会必须长期普遍遵循的基本价值准则，具有相对稳定的特点。[①]社会主义核心价值观即是指对社会主义价值的总的看法和最根本观点，在社会主义价值体系中居统治地位、起指导作用，从根本上定义了"社会主义"这一概念，并且占据在马克思主义理论体系核心地位的价值理念。

社会主义核心价值观是一个历史范畴，是一个不断生成的概念，在不同国家不同历史时期有着不同的内容和形式，本质上为了全世界所有人。在我国科学社会主义的基本价值理念中，只有那些以马克思主义指导思想为灵魂、以中国特色社会主义共同理想为主题、以民族精神和时代精神为精髓、以社会主义荣辱观为基础的价值观，才能称为社会主义核心价值观。我们党自成立之初就把实现共产主义这一"自由人的联合体"——人的自由全面发展作为最高政治理想。党的十六届六中全会又明确地把建设"富强、民主、文明、和谐的社会主义现代化国家"作为中国特色社会主义的奋斗目标。党的十九届六中全会指出："社会和谐是中国特色社会主义的本质属性，是国家富强、民族振兴、人民幸福的重要保证……构建社会主义和谐社会，反映了建设富强、民主、文明、和谐的社会主义现代化国家的内在要求，体现了全党全国各族人民的共同愿望。"富强、民主、文明、和谐与人的自由全面发展，囊括了社会生活的基本领域，涵盖了经济、政治、文化、社会四大层面，既体现了共产主义的远大理想和最高价值，又反映了现阶段我国社会主义现代化建设的宏伟目标和总体布局，体现了党的最高纲领和最低纲领的统一，体现了社会主

[①] 张洪昌：《论社会主义核心价值观》，《云南社会科学》2008年第S1期，第71—72页。

义物质文明、政治文明、精神文明、社会文明和生态文明的有机统一。

以富强、民主、文明、和谐与人的自由全面发展为基本内容的社会主义核心价值观，体现着社会主义的价值本质，指导着社会主义的奋斗目标和前进方向，贯穿并渗透于以马克思主义理论为指导的社会主义伟大实践之中，是社会主义核心价值体系的内核，是社会主义核心价值观作为中国式现代化的精神内核和价值驱动，引领着中国社会健康成长。而自由、平等、公正、法治的社会主义核心价值体系中关于社会层面的价值追求，也是中国式现代化价值观的制度保障。爱国、敬业、诚信、友善所倡导的是个人层面的精神支撑。中国式现代化的建设离不开人民的参与，国家层面和社会层面的倡导归根结底也离不开人民的支持和身体力行。社会主义是中国人民充分发挥"主人翁精神"才能建立起来的，因此，中国式现代化的价值观不仅得到了中国人民的支持，也指引着中国人民不受纷繁冗杂的政治思潮影响，沿着建设社会主义现代化国家的道路坚定前进。

上述12个内容分别从国家、社会、个人三个层面阐述了社会主义核心价值观的价值准则和基本内容。这三个层面的价值要求共同构成中国特色社会主义核心价值观不可分割的有机整体，统一于中国特色社会主义建设实践，服务于所有中国人。一方面，富强、民主、文明、和谐的国家价值观，为实现社会层面和公民个人层面价值追求提供了根本保障。社会自由、平等、公正、法治需要国家的富强、政治的民主、文化的开明、社会的和谐提供的强大物质基础，而国家与社会的稳定才能为广大公民爱国、敬业、诚信、友善提供力量支撑；另一方面，富强、民主、文明、和谐的国家价值观的实现，依赖于社会层面和个人层面的价值追求。它需要以自由、平等、公正、法治的价值追求为支撑，需要以爱国、敬业、诚信、友善的价值准则为依托。国家梦、民族梦只有同社会、个人的价值追求紧密结合起来，与每个人的理想奋斗有机融合起来，梦想才有生命，梦想才有根基；同样，只有每个人都把自己的人生理想与价值追求，融入为实现社会进步和国家繁荣昌盛而不懈奋斗的滔滔洪流，才会实现自己的个人理想和人生价值。因此，中国式现代化作为人口规模巨大的现代化，是中国人民整体迈进的现代化，体现了全体人民的共享性，这是对马克思主义人民性的极大体现。

二、全体人民共同富裕

这是中国式现代化的本质特征，也是区别于西方现代化的显著标志。西方现代化的最大弊端，就是以资本为中心而不是以人民为中心，追求资本利益最大化而不是服务绝大多数人的利益，导致贫富差距大、两极分化严重。一些发展中国家在现代化过程中曾接近发达国家的门槛，却掉进了"中等收入陷阱"，长期陷于停滞状态，甚至严重倒退，一个重要原因就是没有解决好两极分化、阶层固化等问题。

共同富裕是中国特色社会主义的本质要求，是社会主义现代化的一个重要目标。习近平总书记深刻指出："我们推动经济社会发展，归根结底是要实现全体人民共同富裕。"全体人民共同富裕的现代化，"这是中国式现代化的本质特征，也是区别于西方现代化的显著标志"。共同富裕是人类文明发展中的难题。"国之称富者，在乎丰民。"中国式现代化坚持发展为了人民、发展依靠人民、发展成果由人民共享，在推动全体人民共同富裕上取得重要进展。特别是党的十八大以来，以习近平同志为核心的党中央坚持把人民对美好生活的向往作为奋斗目标，坚持以人民为中心的发展思想，把逐步实现全体人民共同富裕摆在更加突出的位置，对共同富裕作出全面擘画、系统设计，明确了时间表、路线图。

中国式现代化价值观一个重要的组成部分便是科学社会主义，而中国式现代化的重要特点之一：全体人民共同富裕，正是对科学社会主义先进本质的重要体现。科学社会主义理论最突出的特点就是为绝大多数人服务，这是其与以往的所有理论相比最显著的不同之处。科学社会主义来自人民反抗阶级压迫、剥削和不公的革命实践，目的是维护人民利益，是造福人民的理论。科学社会主义承认人民是历史的创造者，决定着党和国家的前途命运。《共产党宣言》指出："过去的一切运动都是少数人的，或者为少数人谋利益的运动。无产阶级的运动是绝大多数人的，为绝大多数人谋利益的独立的运动。"[1]因此，《共产党宣言》"是一部秉持人民立场、为人民大众谋利益、为全人类谋解放的经典著作"，"毫不掩饰马克思主义政党的阶级性，旗帜鲜明站在无产阶级和广大人民一边"。[2]因此人民性是科学社会主义的本质属性，中国式现代化是在中国特色社会主义理论指导下进行的现代化实践活动，具有鲜明的价值立场与价值遵循，即人民至上性。在党的二十大报告中，"人民"出现了105次，"中国式现代化是中国共产党和中国人民长期实践探索的成果，是一项伟大而艰巨的事

---

[1]《马克思恩格斯文集》第2卷，人民出版社2009年版，第42页。
[2] 习近平：《论党的宣传思想工作》，中央文献出版社2020年版，第322页。

业。惟其艰巨，所以伟大；惟其艰巨，更显荣光"①。中国式现代化道路始终坚持以人民为中心，将社会公共利益和人民福祉放置在资本增殖逻辑之上，以此不断深化完善驾驭资本体制机制，在扬弃资本逻辑建构新文明形态指向和创造美好生活的新经济正义方面，真正实现了对资本主义文明"幻象"的超越和发展。②因此，以人民为中心是中国式现代化始终坚守的价值准则，这也是对科学社会主义核心价值的继承和发扬。

中国式现代化所蕴含的"人民至上"价值观有着两重含义。其一是人民创造历史的历史唯物主义价值观念。马克思主义揭示了人类社会的发展规律，把历史看作人类的发展过程，而它的任务就在于发现这个过程的运动规律。③而科学社会主义正是从"人民"这一正确的立场出发，发现了使之从空想变成科学的成熟的社会生产条件。习近平总书记指出："中国幅员辽阔、人口众多，要想发展振兴，最重要的就是立足国情、走自己的路。实践表明，中国式现代化新道路越走越宽广，将更好发展自身、造福世界。"④中国式现代化是在中国化的马克思主义理论指导下发展起来的，因而在方方面面都体现出了中国特色。正如习近平总书记在中国共产党与世界政党领导人峰会上的主旨讲话中所强调的："中国共产党将团结带领中国人民深入推进中国式现代化"，"坚持一切从实际出发，带领中国人民探索出中国特色社会主义道路"。⑤习近平总书记的上述论断反映了中国式现代化的

---

① 《以中国式现代化全面推进中华民族伟大复兴》，《人民日报》2022年11月11日。
② 胡博成、朱忆天：《超越资本主义文明"幻象"：中国式现代化道路的根本指向和价值旨归》，《经济学家》2022年第8期。
③ 冯深：《社会主义是人类历史发展的大趋势——恩格斯〈社会主义从空想到科学的发展〉一书的不朽思想》，《当代世界与社会主义》1991年第1期，第38—39页。
④ 郝永平、张园园：《中国式现代化道路的新指南》，《人民日报》2022年10月10日。
⑤ 《习近平谈治国理政》第4卷，外文出版社2022年版，第427页。

两个重要内涵。首先是中国式现代化的科学性。中国式现代化独特内涵中蕴含的"人民立场""中国特色社会主义"两个要素，这二者各自独立又相辅相成。马克思的历史唯物主义认为"人民"是历史的创造者。人口规模巨大，是我国的基本国情，也是中国式现代化的重要特征之一。带领中国这个拥有14亿多人口的国家实现现代化，在人类历史上是一件有深远影响的大事。要实现这一壮举，就要发动人民，用人民的力量创造历史、改造世界。那么如何用好这份伟力，就需要正确的理论来指导人民的实践。"中国特色社会主义"理论既是"人民"实践活动的产物，同时又是指导"人民"解决问题的理论武器，它脱胎于马克思主义基本原理同中国实际的结合，"是实现中华民族伟大复兴的正确道路"，并通过为人民提供理论指导，"创造了中国式现代化新道路，创造了人类文明新形态"[1]。这体现了马克思主义辩证唯物论关于认识发展过程的理论，体现了中国式现代化的科学性，所以习近平总书记才会更进一步指出："历史和实践已经并将进一步证明"，中国式现代化"这条道路，不仅走得对、走得通，而且也一定能够走得稳、走得好。我们将坚定不移沿着这条光明大道走下去，既发展自身又造福世界"[2]。

"人民至上"价值观的第二重内涵便是"人的解放"。马克思曾说："必然王国的彼岸，作为目的本身的人类能力的发挥，真正的自由王国，就开始了。"[3]他坚信"以每一个个人的全面而自由的发展为基本原则的社会形式"[4]，"建立在个人全面发展和他

---

[1] 习近平：《在庆祝中国共产党成立100周年大会上的讲话》，人民出版社2021年版，第14页。

[2] 温红彦、钱一彬、李建广：《坚定不移沿着这条光明大道走下去》，《人民周刊》2022年第5期，第26页。

[3] 《马克思恩格斯文集》第7卷，人民出版社2009年版，第929页。

[4] 《马克思恩格斯选集》第2卷，人民出版社2012年版，第267页。

们共同的、社会的生产能力成为从属于他们的社会财富这一基础上的自由个性"①。科学社会主义秉持马克思的"人民"立场，将维护和发展最广大人民的根本利益作为自身的核心要务和价值追求，鲜明地体现出马克思主义的人民观。马克思主义理论早已揭示出人民群众是历史的创造者，在社会历史发展中居于主体地位。科学社会主义强调人民是具体的、历史的观念，以人民为本不是说教，尊重人民的权利和主体地位也不是抽象口号，而是要实实在在地落到实处。马克思不是抽象地谈论人，而是在历史的生产方式中、在感性实践活动的过程中去看待人，他揭露了资本主义生产方式对人的异化，批判了资产阶级民主制度下民主、自由、权利的虚伪性。他从现实的人的实践出发，指出"历史不过是追求着自己目的的人的活动而已"②。坚持人民群众是历史的创造者，是马克思主义政党的基本立场。中国式现代化贯彻毛泽东"一切从实际出发""理论联系实际"的思想原则，这是实现"中国特色社会主义"理论指导"人民"建设中国式现代化和"人民"推进中国式现代化探索"中国特色社会主义"理论的前提条件。中国式现代化之所以不同于资本主义的现代化，就在于其是中国人民根据本国国情探索出来的现代化道路。而"共同富裕"作为中国式现代化中的一个重要特征，既是由中国作为社会主义国家的性质决定的"本质要求"，也是中国共产党的"人民至上"价值观得出的结论。习近平总书记指出："我们说的共同富裕是全体人民共同富裕，是人民群众物质生活和精神生活都富裕，不是少数人的富裕，也不是整齐划一的平均主义。"③这表明我国的

---

① 《马克思恩格斯文集》第8卷，人民出版社2009年版，第52页。
② 《马克思恩格斯文集》第1卷，人民出版社2009年版，第295页。
③ 习近平：《高举中国特色社会主义伟大旗帜　为全面建设社会主义现代化国家而团结奋斗——在中国共产党第二十次全国代表大会上的报告》，人民出版社2022年版，第22页。

现代化是以人民为中心的现代化,"共同富裕"便是中国人民从中国的实际情况出发得到的结论,因为共同富裕意味着消灭剥削、消除社会中的不平等、实现人的自由全面的发展,这生动体现了我国现代化的社会主义性质,也体现了中国式现代化中实现人的自由全面发展和人的解放的价值观念。

三、物质文明和精神文明协调发展

既要物质富足也要精神富有,这是中国式现代化的崇高追求。物质贫困不是社会主义,精神贫乏也不是社会主义。西方早期的现代化,一边是财富的积累,一边是信仰缺失、物欲横流。今天,西方国家日渐陷入困境,一个重要原因就是无法遏制资本贪婪的本性,无法解决物质主义膨胀、精神贫乏等痼疾。

中国式现代化的特征之一是物质文明与精神文明相协调的现代化。人无精神则不立,国无精神则不强。实现中华民族伟大复兴,需要物质文明极大发展,也需要精神文明极大发展。改革开放之初,我们党创造性地确定了物质文明和精神文明"两手抓、两手都要硬"的战略方针。在党的二十大报告中,习近平总书记深刻指出:"物质贫困不是社会主义,精神贫乏也不是社会主义。""既要物质富足,也要精神富有,是中国式现代化的崇高追求。"

中国式现代化是物质文明和精神文明相协调的现代化,目标是促进物的全面丰富和人的全面发展。中国在推进现代化建设中,不仅强调解放和发展社会生产力、促进经济持续快速增长,而且认为精神文明是中国特色社会主义的题中应有之义。党的十八大以来,在以习近平同志为核心的党中央坚强领导下,中国不断厚植现代化的物质基础，不断夯实人民幸福生活的物质条件，同时大力发展社会主义先进文化，弘扬革命文化，传承发展中华优秀传统文化，人民群众的思想觉悟、道德水准、文明素养和社会文明程度不断提高，全党全国各族人民团结奋斗的共同思想基础进一步巩固，国家文化软实力和中华文化影响力显著提升。"当高楼大厦在我国大地上遍地林立时，中华民族精神的大厦也应该巍然耸立。"习近平总书记深刻指出，要以辩证的、全面的、平衡的观点正确处理物质文明和精神文明的关系，只有物质文明建设和精神文明建设都搞好，国家物质力量和精神力量都增强，全国各族人民物质生活和精神生活都改善，中国特色社会主义事业才能顺利向前推进。习近平总书记进一步指出，"中国式现代化既要物质财富极大丰富，也要精神财富极大丰富，在思想文化上自信自强"，并从两方面提出明确要求。一方面，要坚持两手抓、两手硬，促进物质文明和精神文明相互协调、相互促进，让全体人民始终拥有团结奋斗的思想基础、开拓进取的主动精神、健康向上的价值追求；另一方面，要顺应人民日益增长的精神文化需求，建设具有强大凝聚力和引领力的社会主义意识形态，加强理想信念教育和"四史"宣传教育，培育和弘扬社会主义核心价值观，发展社会主义先进文化，推出更多优秀文艺作品，不断丰富人民精神世界，提高全社会文明程度，促进人的全面发展。

习近平总书记在关于中国式现代化的重要论述中指出"我国现代化坚持社会主义核心价值观，加强理想信念教育，弘扬中华优秀传统文化，增强人民精神力量，促进物的全面丰富和人的全面发展"[1]。精神文明是为中国式现代化凝心聚力的精神力量，

---

[1] 习近平：《新发展阶段贯彻新发展理念必然要求构建新发展格局》，《求是》2022年第17期。

引领中国式现代化价值追求的航向。强调精神文明建设成为中国式现代化最显著的特点之一。中国共产党人作为中华优秀传统文化的继承者,将马克思主义基本原理与中华优秀传统文化相结合,从中汲取养分,充分发挥本国特色,为中国式现代化凝心聚力,夯实了全面推进中华民族伟大复兴的思想基础。马克思主义基本原理同中华优秀传统文化相结合是中国式现代化价值观的基本维度之一。中华优秀传统文化的核心价值对中国式现代化而言,提供了两个维度。

一是自信自立。中华优秀传统文化凝聚着中华民族最深沉的价值共识和价值追求,代表着中华民族最独特的精神标识。传承中华民族最根本的精神基因,"是中国人民在长期生产生活中积累的宇宙观、天下观、社会观、道德观的重要体现,同科学社会主义价值观主张具有高度契合性"[①]。中华优秀传统文化是社会主义核心价值观的文化沃土、思想资源、精神血脉和源头活水,社会主义核心价值观只有植根中华优秀传统文化之中才能根深叶茂。中国式现代化汲取了中华优秀传统文化的丰富营养,特别是充分吸收和发扬了自古以来的"民本思想"。习近平总书记指出:"我国现代化坚持社会主义核心价值观,加强理想信念教育,弘扬中华优秀传统文化,增强人民精神力量,促进物的全面丰富和人的全面发展。"[②]比如,作为中国式现代化道路重要特征的共同富裕,其文化根源便来自"不患寡而患不均,不患贫而患不安"的传统价值理念;另一个作为中国式现代化道路重要特征的和平发展,则体现了中华文化"和而不同""以和为贵""以德服人"

---

① 习近平:《高举中国特色社会主义伟大旗帜 为全面建设社会主义现代化国家而团结奋斗——在中国共产党第二十次全国代表大会上的报告》,人民出版社2022年版,第18页。
② 习近平:《新发展阶段贯彻新发展理念必然要求构建新发展格局》,《求是》2022年第17期。

的传统价值观。与此同时，中华优秀传统文化中的治国智慧和思维方式在中国式现代化中得到了传承，"水能载舟亦能覆舟"的民本思想转化为"人民立场"、儒家的"中庸思想"，要求认识和遵循客观规律转化为"具有中国特色、符合中国实际"的方法论，以及"入世求实观念"转化为"实事求是"的实干精神，可见中国传统的优秀思维方式和治理理念都在中国式现代化建设中得到创新性发展。最后，中华优秀传统文化为建设中国的现代化提供了精神力量和凝聚力保证。"中华文明绵延数千年，有其独特的价值体系。中华优秀传统文化已经成为中华民族的基因，植根在中国人内心，潜移默化影响着中国人的思想方式和行为方式。"①习近平总书记关于中国式现代化的重要论述全面体现了中华优秀传统文化所蕴含的价值理念，既是对中华文化优势的充分彰显，又是对中华优秀传统文化的继承与发展。

二是守正创新。中国共产党"既是中华优秀传统文化的忠实传承者和弘扬者，又是中国先进文化的积极倡导者和发展者"②，中华优秀传统文化既是中国式现代化发展的智慧源泉和文化基石，也为实现中华民族伟大复兴这一目标提供了凝聚力和向心力。马克思的社会历史观早已揭示出社会存在与社会意识之间的关系，即社会存在决定社会意识，社会存在指"物质生活的生产方式"③。现代化代表着物质生活的生产方式的现代化，这也就决定着社会意识的现代化。文化作为社会意识中至关重要的部分，也是社会现代化过程中的重要影响因素。在西方，文化现代

---

① 习近平：《中国人有独特的精神世界》，《人民日报》（海外版）2019年10月31日。
② 《十七大以来重要文献选编（下）》，中央文献出版社2013年版，第558页。
③ 《马克思恩格斯选集》第2卷，人民出版社2012年版，第2页。

化的主要形式是世俗化[1]和大众化。在中国，文化的现代化则体现在以马克思主义唯物辩证法为指导，批判继承中华优秀传统文化。毛泽东指出："中国的长期封建社会中，创造了灿烂的古代文化。清理古代文化的发展过程，剔除其封建性的糟粕，吸收其民主性的精华，是发展民族新文化提高民族自信心的必要条件；但是决不能无批判地兼收并蓄。必须将古代封建统治阶级的一切腐朽的东西和古代优秀的人民文化即多少带有民主性和革命性的东西区别开来。中国现时的新政治新经济是从古代的旧政治旧经济发展而来的，中国现时的新文化也是从古代的旧文化发展而来，因此，我们必须尊重自己的历史，决不能割断历史。"[2]因此对于中华传统文化，"既不是一概排斥，也不是盲目搬用，而是批判地接收它，以利于推进中国的新文化"[3]。比如民为邦本的治国理念。"民贵君轻，以人为本"是中华优秀传统文化的重要内容。自从孟子提出"民为贵，社稷次之，君为轻"以来，"民贵君轻"的价值理念和民本思想对后世影响巨大。毛泽东曾将其视为中国古代有关人民性思想的重要范例。《管子》一书中更是明确提出"以人为本"的命题。虽然，在封建君主专制统治的社会条件下难以真正做到以人为本，但追求进步的思想家、政治家提出并主张以人为本的思想并使之成为中国重要的思想文化传统之一，无疑是历史的进步。

中国共产党弘扬"以人为本"的优良传统并赋予其唯物史观的科学含义，在社会主义制度下真正实现了人民当家作主。习近平总书记在党的二十大报告中强调"发展全过程人民民主"。他

---

[1] Pérez-Agote, A.（2014）. *The notion of secularization: Drawing the boundaries of its contemporary scientific validity*, Current Sociology, 62（6）: 886-904.
[2]《毛泽东选集》第2卷，人民出版社1991年版，第707—708页。
[3]《毛泽东选集》第2卷，人民出版社1991年版，第1083页。

指出:"人民民主是社会主义的生命,是全面建设社会主义现代化国家的应有之义。"①

社会主义核心价值观是中国式现代化精神文明建设的价值遵循,"把马克思主义思想精髓同中华优秀传统文化精华贯通起来、同人民群众日用而不觉的共同价值观念融通起来"②,夯实中国式现代化的历史基础和群众基础,让亿万人民明晰全面实现中华民族伟大复兴的价值指向,让中华儿女的精神世界不断得到科学理论的丰厚滋养,进而凝聚成全面推进中华民族伟大复兴的强大精神力量,持续推动中华文明向更高的历史形态演进。

四、人与自然和谐共生

尊重自然、顺应自然、保护自然,促进人与自然和谐共生,是中国式现代化的鲜明特点,也反映了中国式现代化价值观尊重自然的特点。近代以来,西方国家的现代化大都经历了对自然资源肆意掠夺和生态环境恶性破坏的阶段,在创造巨大物质财富的同时,往往造成环境污染、资源枯竭等严重问题。我国人均能源资源禀赋严重不足,加快发展面临更多的能源资源和环境约束,这决定了我国不可能走西方现代化的老路。

中国式现代化体现了人与自然和谐共生。生态文明建设是关系中华民族永续发展的根本大计。纵观人类文明发展史,生态兴则文明兴,生态衰则文明衰。近代以来,西方国家的现代化大都

---

① 习近平:《高举中国特色社会主义伟大旗帜 为全面建设社会主义现代化国家而团结奋斗——在中国共产党第二十次全国代表大会上的报告》,人民出版社2022年版,第24页。

② 习近平:《高举中国特色社会主义伟大旗帜 为全面建设社会主义现代化国家而团结奋斗——在中国共产党第二十次全国代表大会上的报告》,人民出版社2022年版,第18页。

经历了对自然资源肆意掠夺和生态环境恶性破坏的阶段，在创造巨大物质财富的同时，往往造成环境污染、资源枯竭等严重问题。杀鸡取卵、竭泽而渔的发展方式走到了尽头，顺应自然、保护生态的绿色发展昭示着未来。

党的十八大以来，在以习近平同志为核心的党中央坚强领导下，我国生态文明建设从理论到实践都发生了历史性、转折性、全局性变化，实现由重点整治到系统治理、由被动应对到主动作为、由全球环境治理参与者到引领者、由实践探索到科学理论指导的重大转变。经过顽强努力，我国天更蓝、地更绿、水更清，万里河山更加多姿多彩。

实践表明，生态环境保护和经济发展是辩证统一、相辅相成的，建设生态文明、推动绿色低碳循环发展，不仅可以满足人民日益增长的优美生态环境需要，而且可以推动实现更高质量、更有效率、更加公平、更可持续、更为安全的发展，走出一条生产发展、生活富裕、生态良好的文明发展道路。

中国式现代化继承并发扬了马克思主义的生态思想。马克思主义的生态思想建立在科学实践观上，坚持"实践是检验真理的唯一标准"，将人作为"有生命的自由的类存在物"，从整体观念审视自身的实践行为，从而得出了人类活动应当划定的界限，在自然生态能够自我调节的范围之内进行取舍的结论。马克思的生态思想批判了资本主义的生态虚无主义，资本批判是贯穿马克思生态思想的准绳，生态批判是马克思资本批判的"副产物"。现代社会生态危机的种种因果，包括工业生产、资本制度、奢侈消费等，均是马克思找到生态批判方法论的结果，因此马克思的生态思想具有不可替代的现实意义，充分暴露了资本主义的反生态本质。资本主义国家的现代化是以牺牲自然环境、浪费自然资源的巨大代价取得的。因而资本主义现代化国家对保护环境有着不可推卸的责任，但是资本主义排他性和功利性的本质使其逃避对全人类应尽的责任，甚至反而将环境保护作为武器用来扼杀发展中国家的现代化进程，从而保持其先发地位，继续剥削广大发展中国家，将他们变成资本主义的工厂、市场和垃圾场。

与之相对的是，社会主义虽然也以解放和发展生产力为自身的主要任务，但社会主义解放和发展生产力不是像资本主义那样一切以资本增殖为目的，社会主义的根本立场是人民立场，解放和发展生产力的目的是让人民过上更好的生活。在人民立场的指导下，中国式现代化选择人与自然和谐共生也就不足为奇了。中国式现代化将生态环境保护作为一以贯之的原则，人类作为自然的一部分，发展活动必须尊重自然、顺应自然、保护自然，否则就会遭到大自然的报复。这个规律谁也无法抗拒。人因自然而生，人与自然是一种共生关系，对自然的伤害最终会伤及人类自身。只有尊重自然规律，才能有效防止在开发利用自然上走弯路。党的十八大以来，一直强调推动形成绿色发展方式和生活方式，将坚持节约资源和保护环境作为一项基本国策，坚持节约优先、保护优先、自然恢复为主的方针，形成节约资源和保护环境的空间格局、产业结构、生产方式、生活方式，为人民创造良好生产生活环境。党的十八大以来，一直坚持把生态文明建设作为统筹推进"五位一体"总体布局和协调推进"四个全面"战略布局的重要内容，把推动形成绿色发展方式和生活方式融入经济建设、政治建设、文化建设、社会建设各方面和全面建成小康社会全过程，坚定不移走生产发展、生活富裕、生态良好的文明发展道路，开创了生态环境保护建设新局面。根据联合国粮农组织（FAO）发布的报告数据显示，中国在过去10年中平均每年增加了193.7万公顷的森林，增长率为0.93%，远远高出其他国家。中国式现代化体现了对全人类可持续发展的责任担当，用实际行动打破了西方"发展极限论"。

在党的二十大报告中，习近平总书记指出："大自然是人类赖以生存发展的基本条件。尊重自然、顺应自然、保护自然，是全面建设社会主义现代化国家的内在要求。"[①]"我们坚持绿水青山就是金山银山的理念，坚持水林田湖草沙一体化保护和系统治理，全方位、全地域、全过程加强生态环境保护，生态文明制度体系更加健全，污染防治攻坚向纵深推进，绿色、循环、低碳发展迈出坚实步伐，生态环境保护发生历史性、转折性、全局性变化，我们的祖国天更蓝、山更绿、水更清。"[②]

五、走和平发展道路

坚持和平发展，在坚定维护世界和平与发展中谋求自身发展，又以自身发展更好维护世界和平与发展，推动构建人类命运共同体，是中国式现代化的突出特征，也反映了中国式现代化价值观尊崇和平的特点。西方国家的现代化，充满战争、贩奴、殖民、掠夺等血腥罪恶，给广大发展中国家带来深重苦难。中华民族经历了西方列强侵略、凌辱的悲惨历史，深知和平的宝贵，决不可能重复西方国家的老路。

[①] 习近平：《高举中国特色社会主义伟大旗帜 为全面建设社会主义现代化国家而团结奋斗——在中国共产党第二十次全国代表大会上的报告》，人民出版社2022年版，第49—50页。

[②] 习近平：《高举中国特色社会主义伟大旗帜 为全面建设社会主义现代化国家而团结奋斗——在中国共产党第二十次全国代表大会上的报告》，人民出版社2022年版，第11页。

中华民族历来是爱好和平的民族，天下大同、协和万邦是中华民族自古以来对人类社会的美好憧憬。中国历史上曾经长期是世界上最强大的国家之一，但没有留下殖民和侵略他国的记录。反观西方国家的现代化，充满战争、贩奴、殖民、掠夺等血腥罪恶，给广大发展中国家带来深重苦难。当人类社会现代化进程又一次来到历史的十字路口，习近平总书记强调："坚持和平发展，在坚定维护世界和平与发展中谋求自身发展，又以自身发展更好维护世界和平与发展，推动构建人类命运共同体，是中国式现代化的突出特征"；"中华民族经历了西方列强侵略、凌辱的悲惨历史，深知和平的宝贵，决不可能重复西方国家的老路"。中国式现代化是中国共产党领导中国人民通过走和平发展道路开创的。

中国式现代化就是社会主义现代化，中国人民选择社会主义，基于近代以来被压迫被侵略的历史，正如周恩来在第一届全国人民代表大会上明确指出："如果我们不建设起强大的现代化的工业、现代化的农业、现代化的交通运输业和现代化的国防，我们就不能摆脱落后和贫困，我们的革命就不能达到目的。"[①]中国人民选择现代化是为了改变落后挨打的局面，而不是为了争夺霸权。资本主义国家因其国家性质导致的排他性，将其他国家当作竞争对手，在国际上进行零和博弈。美国经济学家大卫·保罗·戈德曼就指出："即使现代国际关系历史上显著标示着'盎格鲁-撒克逊国家'常胜不败的记录，其真实原因却也不是自由主义理论中自吹自擂的自由民主必胜、自由市场必胜，而俄罗斯-苏联帝国的失败，其真实原因当然也不是因为马克思主义理论和社会主义制度的错误，更应该被视为是追逐霸权这个错误目

---

① 《周恩来选集》下卷，人民出版社1984年版，第132页。

标所必然导致的失败。"①

习近平总书记2017年在联合国日内瓦总部向全世界庄重承诺："第一，中国维护世界和平的决心不会改变。中华文明历来崇尚'以和邦国''和而不同''以和为贵'，中国《孙子兵法》是一部著名兵书，但其第一句话就讲：'兵者，国之大事，死生之地，存亡之道，不可不察也。'其要义是慎战、不战。几千年来，和平融入了中华民族的血脉中，刻进了中国人民的基因里。数百年前，即使中国强盛到国内生产总值占世界30%的时候，也从未对外侵略扩张。1840年鸦片战争后的一百多年里，中国频遭侵略和蹂躏之害，饱受战祸和动乱之苦。孔子说，己所不欲，勿施于人。中国人民深信，只有和平安宁才能繁荣发展。中国从一个积贫积弱的国家发展成为世界第二大经济体，靠的不是对外军事扩张和殖民掠夺，而是人民勤劳、维护和平。中国将始终不渝走和平发展道路。无论中国发展到哪一步，中国永不称霸、永不扩张、永不谋求势力范围。历史已经并将继续证明这一点。第二，中国促进共同发展的决心不会改变。中国有句古语叫'落其实者思其树，饮其流者怀其源'。中国发展得益于国际社会，中国也为全球发展作出了贡献。中国将继续奉行互利共赢的开放战略，将自身发展机遇同世界各国分享……第三，中国打造伙伴关系的决心不会改变。中国坚持独立自主的和平外交政策，在和平共处五项原则基础上同所有国家发展友好合作。中国率先把建立伙伴关系确定为国家间交往的指导原则，同九十多个国家和区域组织建立了不同形式的伙伴关系。中国将进一步联结遍布全球的'朋友圈'……第四，中国支持多边主义的决心不会改变。多边

---

① 〔美〕大卫·保罗·戈德曼：《总有人认为，中国是不是争霸不重要，中国存在就是个错误》，宁栎译，观察者网，2022年1月12日。

主义是维护和平、促进发展的有效路径。长期以来，联合国等国际机构做了大量工作，为维护世界总体和平、持续发展的态势作出了有目共睹的贡献。"[1]

"为人民谋幸福、为民族谋复兴，这既是中国共产党领导现代化建设的出发点和落脚点，也是新发展理念的'根'和'魂'。只有坚持以人民为中心的发展思想，坚持发展为了人民、发展依靠人民、发展成果由人民共享，才会有正确的发展观、现代化观。苏联是世界上第一个社会主义国家，取得过辉煌成就，但后来失败了、解体了，其中一个重要原因是苏联共产党脱离了人民，成为一个只维护自身利益的特权官僚集团。即使是实现了现代化的国家，如果执政党背离人民，也会损害现代化成果。"[2]中国式现代化坚持走和平发展道路，无论发展到什么程度，中国永远不称霸、不扩张、不谋求势力范围，不搞军备竞赛。中国将继续做世界和平的建设者、全球发展的贡献者、国际秩序的维护者。这也成为中国式现代化显著的时代特征。新中国成立特别是改革开放以来，中国用几十年时间走完西方发达国家几百年走过的工业化历程，创造了经济快速发展和社会长期稳定的奇迹，为中华民族伟大复兴开辟了广阔前景。实践证明，中国式现代化走得通、行得稳，是强国建设、民族复兴的唯一正确道路，彰显了中国式现代化价值观的魅力。

---

[1]《习近平谈治国理政》第2卷，外文出版社2017年版，第545—547页。
[2] 申国华：《铸牢新发展理念的"根"和"魂"》，《中国纪检监察报》2021年4月1日。

第四章

弘扬全人类
共同价值

中国式现代化的独特价值观，具有全球视野，不仅着力彰显社会主义核心价值观，而且大力弘扬全人类共同价值，表现于贯穿中国式现代化理论与实践，践行全球安全、发展、文明倡议，构建人类命运共同体，反对西方所谓的"普世价值"。

一、贯穿中国式现代化理论与实践

中国式现代化既是一个深刻的理论创新过程，同时也是丰富的实践创新过程，是理论与实践双重创新的有机统一整体。在中国式现代化理论与实践双重创新互动推进的过程中，从世界来看，蕴含全人类共同价值。2023年3月在中国共产党与世界政党高层对话会上，习近平总书记首次提出全球文明倡议，进一步深刻指出"和平、发展、公平、正义、民主、自由是各国人民的共同追求"[①]。全人类共同价值贯穿于中国式现代化理论与实践的全部内容中，既是中国式现代化的理念准绳，又是中国式现代化实践向前推进的重要目标。

（一）和平与发展：中国式现代化理论与实践的价值追求

纵观世界历史，和平与战争、发展与落后之间的矛盾冲突始终贯穿于人类社会的发展历程中，世界各国人民都向往和追求和平与发展。和平与发展是全人类共同奋斗的理想目标，更是贯穿于中国式现代化理论与实践的价值追求。

强调和平与发展是中国式现代化理论与实践所蕴含的鲜明价

---

① 习近平：《携手同行现代化之路——在中国共产党与世界政党高层对话会上的主旨讲话》，《人民日报》2023年3月16日。

值特征，是中国人民探索现代化的必然选择。和平与发展是全人类共同追求的重要价值，是确保人类社会能够不断发展进步的重要条件和关键因素。习近平总书记指出："和平、和睦、和谐是中华民族5000多年来一直追求和传承的理念，中华民族的血液中没有侵略他人、称王称霸的基因。"①追求并致力于和平与发展是中国式现代化的鲜明特质和实践必然，是全国各族人民推进社会主义现代化伟大事业的共同选择。以和平与发展推动中国式现代化，以中国式现代化维护和平与发展，是中国特色社会主义现代化历史与现实的有机统一。从历史层面来看，中国人民和中华民族曾遭受过西方列强的殖民压迫，民族独立和人民生命受到了严峻的战争威胁，中华民族用无数英烈的鲜血和生命铸造了如今的和平盛世，这决定了中国绝不走一些西方国家通过战争、殖民、掠夺等方式实现现代化的老路。从现实层面来看，当今中国在数十年的飞速发展中成为世界第二大经济体，如今中国的发展以及世界的发展需要一个和平稳定的大环境，在中国特色社会主义取得诸多成就的过程中，中国始终强调并坚持和平发展原则，积极参与国际军控、裁军和防扩散进程，坚持以对话协商方式解决局部热点问题，提出共建"一带一路"倡议等，在推进中国式现代化的过程中，中国以实际行动践行着和平发展这一全人类的共同价值追求。总之，中国式现代化走和平发展道路，具有深刻的历史必然与现实依据，其超越了西方现代化国强必霸的旧有发展逻辑，主动顺应和推动了和平发展的历史潮流。

中华民族崇尚和平、追求大同的历史文化底蕴，与现实强调和平与发展的全人类共同价值高度契合，内在地决定了中国式现代化的和平发展诉求。以和平发展道路推进中国式现代化，是中

---

① 《习近平谈治国理政》第4卷，外文出版社2022年版，第11页。

国式现代化蕴含的独特价值观所决定的价值追求和目标指向，这集中体现了中华民族和中华文明对国家之间关系问题的正确思考和积极回答。中华文明传承五千多年，始终坚持以和为贵、协和万邦、和而不同的处世之道，能够在漫长的历史长河中保持强大的文明连续力，在诸多历史古文明逐渐消逝的趋势下仍然延续至今，这绝不是依靠战争与扩张掠夺其他文明的发展资源，中华民族是在求同存异、追求大同、以和为贵的文明理念引导下不断激活与凝聚起了强大的生命力。

中华民族在思考和处理人与人之间、国家与国家之间的关系问题时，形成了以"和"为核心要义与价值追求的中华文明，这决定了中国式现代化对和平发展道路的坚守与践行。中华文明强调和而不同，承认不同事物、不同理念之间的矛盾关系。儒家思想强调"君子和而不同，小人同而不和"，道家思想认为"有无相生，难易相成，长短相形，高下相倾，音声相和，前后相随，恒也"，等等。中华民族准确把握了"和"的辩证内核，这种和而不同的价值理念使中华民族在面对不同民族、不同观念时能够承认文明的多样性，尊重不同的价值理念。中华文明中和而不同、追求大同的文化理念孕育了强调和平与发展的全人类共同价值，不断推进着中国式现代化以和平发展道路为中华民族开创更加光明的未来前景。

和平与发展是社会主义制度的内在规定，是中国式现代化的价值追求。与资本主义制度相比，社会主义制度具备的一个先进性就在于其以人类社会的整体发展为使命，致力于实现全人类的现代化发展。马克思主义认为，在资本主义制度的主导下，"比较富有的国家剥削比较贫穷的国家"[1]是资本主义现代化的运行

---

[1] 《马克思恩格斯全集》第35卷，人民出版社2013年版，第112页。

与发展逻辑，而这必然会导致国家之间的战争冲突，事实上，第一次世界大战和第二次世界大战的爆发，也正是源于资本主义国家之间的殖民利益的矛盾冲突。社会主义制度是在吸收借鉴人类文明的先进成果，批判性继承人类社会先前所有阶段的发展成就而形成的最新的社会形态，其辩证地批判和超越了资本主义制度。列宁曾强调了社会主义建设的公式原则："乐于吸取外国的好东西：苏维埃政权+普鲁士的铁路秩序+美国的技术和托拉斯组织+美国的国民教育等等等等++=总和=社会主义。"①这种高度的利益包容性超越了资本主义的利益剥削性，赋予了社会主义制度鲜明的和平特质。习近平总书记指出："中国的发展是世界和平力量的增长，无论发展到什么程度，中国永远不称霸、永远不搞扩张。"②社会主义制度的和平特质，决定了中国必须以和平发展道路推进中国式现代化，一方面，中国式现代化需要一个和平稳定的发展格局，在和平与发展中与世界各国共同探寻现代化路径；另一方面，中国式现代化打破了西方现代化的霸权逻辑，为当今世界的和平与发展贡献了重要的中国智慧与中国力量。

（二）公平与正义：中国式现代化理论与实践的价值评判

公平与正义是全人类共同价值的伦理原则，是世界各国之间交流往来的基本准则。公平代表着不同国家之间应当尊重其他国家正当的利益诉求，在国际交往中积极寻找和维护各国之间的利益共同点，在积极合作中实现双赢或者多赢；正义代表着作为全球治理主体的各个国家应当将自身发展与全人类发展紧密联系起

---

① 《列宁全集》第34卷，人民出版社2017年版，第520页。
② 习近平：《高举中国特色社会主义伟大旗帜　为全面建设社会主义现代化国家而团结奋斗——在中国共产党第二十次全国代表大会上的报告》，人民出版社2022年版，第60—61页。

来，在积极有效的全球治理中推动人类社会的正义事业。中国式现代化理论与实践不仅着眼于中国的现代化事业，还注重和强调国际社会的公平与正义，努力通过中国式现代化，在与各国相互尊重、合作共赢中维护全球公平与正义。

公平是推动各国合作共赢、维护国际秩序稳定的重要原则，也是中国式现代化始终遵循的道义规范。当今中国以中国式现代化实现伟大复兴梦想，没有模仿也不可能模仿一些西方资本主义国家将剥削其他国家为发展手段的霸权之道，而是以充分尊重各方发展利益的公平之道维护中国与世界各国的平等关系与平等地位。

第一，中国式现代化承认和尊重世界各国具有平等的发展地位。在追求和探索现代化的过程中，每个国家、每个民族都有着相同的发展地位，只有先发后发的时间差异，而无优劣之分。正如习近平总书记强调的："要坚持国家不分大小、强弱、贫富一律平等。"①推进中国式现代化，始终坚持一视同仁，反对霸权主义、单边主义和强权政治。

第二，中国式现代化寻求和保障世界各国拥有平等的发展机遇。改革开放以来，中国深刻认识到自身同世界其他发展中国家一样，拥有着平等的发展机遇，而决不能"理所应当"地接受落后地位。在与世界各国的交流合作中，中国始终奉行互利共赢的开放战略，推动形成了当今中国与世界的陆海内外联动、东西双向互济的开放格局。中国式现代化所蕴含的现代化价值，强调中国的发展与世界的发展是命运共同体，是命运一体、荣辱与共的关系。只有世界各国享有平等的发展机遇，世界经济才能朝着可持续的方向不断发展，中国的发展也才能够拥有持续的动能。

---

① 《习近平关于中国特色大国外交论述摘编》，中央文献出版社2020年版，第29页。

第三，中国式现代化支持和维护世界各国享有平等的发展成果。人类社会在探索和追求现代化的发展道路上所创造的绝大部分成果，在很长一段时间内都由少数资本主义国家强行占有和剥夺，而为这些发展成果作出各种强迫性牺牲的落后国家和民族，却没有权利去享有其应得的发展成果。中国式现代化超越了这种非公平的国际分配原则，强调任何国家都无权将本国的现代化建立在他国利益受损的基础上，人类社会的现代化进程与世界各国发展息息相关，其创造的全部发展成果必须由世界各国人民共同享有。

正义是支撑人类社会发展进步的伦理架构，是中国式现代化坚持和践行的核心价值。"正义是社会制度的首要价值"①，中国式现代化内在地包含了追求正义的伦理原则，是以维护人类社会正义价值为目标的现代化路径。相较于西方现代化，致力于实现全体人民共同富裕的中国式现代化，具有无法否认的正义性和道义性。中国式现代化之所以是公平的、正义的，关键在于这一现代化是站在最广大人民这一正确一边的现代化，在中国式现代化的实践进程中，全体人民的历史主体地位得到了充分的尊重和保障。习近平总书记指出："我国现代化坚持以人民为中心的发展思想，自觉主动解决地区差距、城乡差距、收入分配差距，促进社会公平正义，逐步实现全体人民共同富裕。"②而这种强调中国社会公平正义的现代化必然也将尊重和维护国际社会的公平正义。事实上，中国人民在追求民族解放、人民幸福的百年奋斗历程中，确实以实际行动推进着人类社会的正义事业：面对资本主义国家的殖民压迫时，中国人民奋进反抗，寻求解放之路；面对

---

① 〔美〕约翰·罗尔斯：《正义论》，何怀宏等译，中国人民大学出版社1993年版，第3页。
② 《习近平谈治国理政》第4卷，外文出版社2022年版，第123页。

日本法西斯主义的侵略时，中国人民用鲜血和生命保卫家园、追求正义；面对帝国主义欺压其他发展中国家时，中国人民勇敢施以正义援手，等等。可以说中国人民探索中国式现代化的过程就是一部站在全人类正义事业的正确一边，并积极践行着正义原则的伟大历史。在推进中国式现代化的过程中，中国"始终根据事情本身的是非曲直决定自己的立场和政策，维护国际关系基本准则，维护国际公平正义"①，从而为当今人类社会的正义事业提供了坚实的中国方案与中国力量。

（三）民主与自由：中国式现代化理论与实践的价值旨归

民主与自由是全世界人民对美好生活的共同向往与价值旨归，是中国式现代化本质要求。在西方现代化体系中，民主与自由丧失了其原有的人们所向往的美德和特质，而逐渐沦为了资本主义维护其霸权控制地位的政治工具。弗朗西斯·福山等西方学者在苏联解体、世界社会主义运动陷入低潮之际提出了"历史终结论"，认为资本主义制度和西式民主是人类社会的最终形态，拒绝承认非西式的现代化模式和民主形式。对此，中国式现代化以实现人的全面发展为逻辑基础，还民主与自由以原貌，为全世界人民指明了一条真正民主与自由的、共同发展的美好方向。

中国式现代化强调的民主是以各国具体实际为逻辑架构的真实的、真正的民主。评判一个国家的民主真实还是虚假，首要标准就是这种民主制度是否符合这个国家的具体国情，是否满足人民的政治需要。民主是全人类共同追求的价值理念，但民主制度需要与特定的社会阶段相吻合。民主是人类经济和社会政治制度

---

① 习近平：《高举中国特色社会主义伟大旗帜　为全面建设社会主义现代化国家而团结奋斗——在中国共产党第二十次全国代表大会上的报告》，人民出版社2022年版，第60页。

发展到一定阶段的产物，民主制度的形成是一个历史的过程，检验这种制度是否科学有效也是一个历史的过程，因此西方现代化试图将西式民主一元化、普世化，强行套用到不同国家的政治体系中，显现出了西式民主的虚假性。中国式现代化是普遍性与特殊性有机统一的现代化，既准确把握了人类社会现代化的普遍规律，又着眼于中国特色的具体国情，这决定了中国式现代化蕴含的民主价值是具体的、发展的。习近平总书记指出："民主同样是各国人民的权利，而不是少数国家的专利。"[1]各个国家具体国情不同，民主道路和民主制度就会有不同的内涵和特征。对于中国而言，中国共产党领导中国人民在深入推进中国式现代化的探索中，创新发展了适合中国国情、顺应时代发展、满足人民需要的全过程人民民主，使得全体人民广泛地、全过程地参与国家事务，将人民当家作主落到了实处。全过程人民民主以最广泛、最真实、最管用的民主形式为中国式现代化提供了坚实的政治保障，为全世界的民主政治建设贡献了中国经验与中国智慧。

中国式现代化强调的自由是全人类共同发展的自由。自由是发展的基本条件，追寻自由是全人类共同的理想。马克思指出："一个种的整体特性、种的类特性就在于生命活动的性质，而自由的有意识的活动恰恰就是人的类特性。"[2]这种自由的活动体现为每个人按照自我的意识进行实践活动。现代化的本质是人的现代化，即人的自由而全面发展的现代化。不同国家、不同民族有权利选择不同的现代化模式，但不同现代化模式始终有着相同的发展目标——实现人的自由而全面的发展。资本主义主导的西方

---

[1] 习近平：《加强政党合作　共谋人民幸福——在中国共产党与世界政党领导人峰会上的主旨讲话》，人民出版社2021年版，第6页。
[2] 《马克思恩格斯选集》第1卷，人民出版社2012年版，第162页。

现代化将人的自由替代为了资本的自由，即资本能够自由地增值、剥削和扩张。世界历史已然证明，资本的自由所带来的并非全人类的发展和进步，相反，利益分化、阶级对立、社会畸形发展、民族冲突等问题不断激化，严重限制了人的自由发展。中国式现代化始终坚持以人民为中心的发展思想，以促进社会公平正义、增进人民福祉、实现人的自由而全面的发展作为经济社会发展的出发点和落脚点，强调全体人民是推进现代化发展进程和享有现代化发展成果的主体力量。可见，致力于维护人的自由、实现人的自由而全面发展的中国式现代化能够引导中国同世界各国一起为增进人类整体福祉、实现全人类民主自由而不懈奋斗。

二、践行全球安全、发展、文明倡议

习近平总书记站在时代前列、把握时代脉搏，为民族复兴尽责任，为人类进步提方案，先后提出了践行全球安全、全球发展、全球文明这具有划时代意义的三大倡议。习近平总书记指出："我们主张以安全守护人权，尊重各国主权和领土完整，同走和平发展道路，践行全球安全倡议，为实现人权创造安宁的环境；以发展促进人权，践行全球发展倡议，提高发展的包容性、普惠性和可持续性，以各具特色的现代化之路保障各国人民公平享有人权；以合作推进人权，相互尊重、平等相待，践行全球文明倡议，加强文明交流互鉴，通过对话凝聚共识，共同推动人权文明发展进步。"①

---

① 《习近平向全球人权治理高端论坛致贺信》，《人民日报》2023年6月15日。

（一）践行全球安全倡议

中国式现代化蕴含的价值观中，践行全球安全倡议是一个重要的议题。中国正在经历着快速的现代化进程。中国式现代化强调传统文化与现代社会的融合，以及社会主义核心价值观的引领。党的二十大报告中强调，"构建人类命运共同体是世界各国人民前途所在。万物并育而不相害，道并行而不相悖。只有各国行天下之大道，和睦相处、合作共赢，繁荣才能持久，安全才有保障。中国提出了全球发展倡议、全球安全倡议，愿同国际社会一道努力落实"[①]。

中国已经积极参与全球安全倡议，通过外交政策转变、国际组织和多边合作的努力，以及在维和行动、网络安全和环境保护等领域的具体实践，为全球安全事务作出了积极贡献。中国的外交政策已经发生了重大的转变，从以往的保持低调和非干涉原则转向积极参与全球安全合作。中国已经成为全球性安全领域事务的重要参与者，通过与各国建立友好合作关系，推动解决地区和全球性的安全挑战。中国积极参与国际组织和多边合作，如联合国、上海合作组织等，通过这些平台加强与其他国家的沟通和协调，共同制定全球安全政策和行动方案。中国提出了一系列的全球安全倡议，如亚信倡议、共建"一带一路"合作倡议等，旨在促进地区和全球的安全与合作。通过这些努力，中国在全球安全倡议中发挥着越来越重要的作用。中国是联合国维和行动中最大的出兵国之一，积极参与并支持维和行动。例如，在苏丹达尔富尔地区的维和行动中，中国派遣了大量的维和人员，并提供了物

---

① 习近平：《高举中国特色社会主义伟大旗帜　为全面建设社会主义现代化国家而团结奋斗——在中国共产党第二十次全国代表大会上的报告》，人民出版社2022年版，第62页。

资和技术支持。中国还在维和行动中发挥了建设性的角色，促进了当地的和平与稳定。随着互联网的快速发展，网络安全成为全球范围内的重要问题。中国意识到网络安全的重要性，并积极采取了有效的措施来应对挑战。中国提出了构建网络空间命运共同体的倡议，倡导各国加强合作，共同维护网络安全。此外，中国还加强了国内的网络安全法律法规建设，加强了对网络犯罪的打击力度。气候变化和环境保护是全球面临的共同挑战，中国在这方面也积极参与并采取了一系列的行动。

中国式现代化在践行全球安全倡议过程中面临一些挑战。中国作为一个发展中国家，在经济、科技和军事实力方面仍面临挑战，这可能限制其在全球安全事务中的影响力和发起倡议的能力。中国式现代化蕴含的价值观与西方价值观不同，这可能导致中国与某些西方国家在一些全球安全问题上的立场不一致或者难以达成共识。然而，尽管面临挑战，中国在全球安全倡议中的发展方向和前景依然广阔乐观。中国已经采取了一系列积极的外交政策，加强与各国的合作，特别是与发展中国家的合作，通过互利共赢的方式推动全球安全合作。中国积极参与并支持国际组织和多边机制，为解决全球安全问题提供了平台和渠道。此外，中国还提出了一系列具体的倡议，如"一带一路"合作倡议、网络安全倡议和气候变化倡议，为全球安全事务的处理作出了积极贡献。未来，中国将继续加强与其他国家的合作，推动全球安全合作的深入发展。中国还将继续积极参与国际组织和多边机制，为解决全球安全问题提供更多的支持和倡议。中国也需要进一步加强自身的软实力和硬实力，提升在全球安全事务中的影响力和话语权，以更好地践行全球安全倡议。

（二）践行全球发展倡议

中国作为世界上最大的发展中国家之一，一直致力于实现现代化和全球共同发展。习近平总书记指出："人类历史的漫长进程中，世界各民族创造了具有自身特色和标识的文明。不同文明之间平等交流、互学互鉴，将为人类破解时代难题、实现共同发展提供强大的精神指引。"[①]中国式现代化蕴含的价值观，是在中国历史文化传统和现代化进程相互融合的基础上形成的。中国在践行全球发展倡议方面，提出了一种独特的发展模式，即中国式发展模式。它强调人的全面发展、社会公平正义、生态环境保护等核心价值观念。中国式现代化蕴含的价值观，在全球发展中发挥着重要的作用。中国在推进中国式现代化进程中，认真践行全球发展倡议。全球发展倡议是在当前解决全球化背景下提出的一种共同发展理念和行动框架。随着世界全球化的深入发展，各国之间的经济、社会、文化等问题日益紧密相连，因此便需要通过合作与共商来解决共同面临的挑战。全球发展倡议旨在推动全球各方加强合作，促进共同发展，实现可持续和包容性增长。

中国作为世界第二大经济体和人口最多的国家，对于全球发展倡议的参与至关重要。中国积极参与国际合作，推动构建开放型世界经济。积极参与区域和跨区域的自由贸易协定谈判，推动建立公平、开放和非歧视性的国际贸易体制。同时，中国还积极参与全球治理体系的改革，提出了一系列改革方案和倡议，为构建更加公正合理的国际秩序做出了努力。党的十八大以来，以习近平同志为核心的党中央，团结带领全国人民踔厉奋发，取得

[①]《习近平向第三届文明交流互鉴对话会暨首届世界汉学家大会致贺信》，《人民日报》2023年7月4日。

了伟大的历史性成就,实现了史所未见的伟大变革,开创了中国式现代化道路和人类文明新形态。为全面建设社会主义现代化国家,全面推进中华民族伟大复兴奠定了坚实的思想理论基础和物质技术基础,也为我们进一步探索研究中国式现代化与全球发展的理论联系、逻辑内涵和实践目标指明了方向。进入新时代,以习近平同志为核心的党中央,团结带领全党全国各族人民,攻克了许多长期没有解决的难题,办成了许多事关长远的大事、要事。在脱贫攻坚和可持续发展方面取得了显著进展。通过大规模的脱贫攻坚行动,在较短时间内成功实现了减贫脱贫目标。如期完成脱贫攻坚,全面建成小康社会的历史任务,实现了第一个百年奋斗目标。中国致力于推动可持续发展,加强环境保护和资源利用效率,积极应对气候变化等全球性挑战。中国还通过"一带一路"合作倡议等具体举措,推动区域互联互通和经济合作。积极参与亚洲基础设施投资银行、金砖国家新开发银行等国际金融机构的建设和运营,为促进区域互联互通和经济发展作出了重要贡献。

中国式现代化的核心价值观强调"以人民为中心",强调人的尊严和权益,也就是将人民的利益置于发展的核心位置,确保发展成果惠及广大人民群众。这与全球发展中提倡的人权、社会公正等理念相契合,有助于推动全球发展。经济全球化是推动全球发展的重要力量,中国式现代化蕴含的价值观注重并不断推进社会公平与正义。在践行全球发展倡议中,中国通过推动人权保护、消除贫困、提供教育和医疗等措施,帮助发展中国家提升人民生活水平,实现共同繁荣;通过分享发展经验和技术,帮助发展中国家加强社会保障体系建设,提高社会公平性,让更多人从全球发展中受益;通过推动文化交流、共享文化资源等方式,促进不同国家和地区之间的相互理解与尊重。中国秉持正义精神，积极参与全球治理体系的建设和改革，维护国际秩序的稳定和公正。作为一个发展中国家，中国有责任和义务践行全球发展倡议，积极参与国际组织和多边合作机制，推动建立公平、开放、包容的国际经济体系，为全球发展提供更加稳定和可持续的基础。弘扬中国式现代化蕴含的价值观，践行全球发展倡议，秉承以人民为中心的核心价值，是中国在国际舞台上发挥更大作用的重要方面。通过将中国的核心价值观与全球发展倡议相结合，可以推动经济全球可持续发展，促进人民福祉和全球繁荣。中国应积极履行自己的国际责任，与其他国家共同努力，为构建人类命运共同体作出更大贡献。

习近平总书记指出："各国面临许多共同威胁和挑战，没有哪个国家能够独自应对或独善其身。各国只有加强团结协作，深化和平合作、平等相待、开放包容、共赢共享的伙伴关系，才能实现持久稳定和发展。"①践行全球发展倡议是一个长期而复杂的过程，各国应该携手合作、共同努力，以人民为中心，夯实发展的物质基础，探索新智慧、新道路，推动全球发展的可持续性和包容性。只有通过全球合作和协商，关注发展不平衡的实际问题，夯实发展的物质基础，注重可持续发展，才能实现全球发展倡议的目标。

（三）践行全球文明倡议

中国式现代化蕴含的价值观与践行全球文明倡议高度契合。随着中国的崛起和经济全球化进程的加速，中国式现代化蕴含的

---

① 习近平：《同上海合作组织成员国领导人共同会见记者时的讲话》，《光明日报》2018年6月11日。

价值观在国内外产生了深远的影响。中国式现代化蕴含的价值观，融合了中华优秀传统文化和现代性的要素，强调仁爱、和谐、诚信等核心价值观。这些价值观不仅对中国社会的发展产生了深刻影响，也对全球文明倡议提供了新的思路和实践路径。

中国式现代化蕴含的价值观是指中国传统文化与现代性相结合形成的一种独特的价值体系。这种价值观强调了个体与社会、人与自然之间的和谐关系，注重诚信、仁爱、和谐等核心价值。中国传统文化中的儒家思想、道家思想和佛教思想对中国式现代化蕴含的价值观的形成起到了重要的影响。中国式现代化蕴含的价值观的特点之一是注重人际关系的和谐。在中国传统文化中，强调家庭、社区和社会的和睦相处，重视亲情、友情和社会公德。这种价值观强调人与人之间的互助合作、理解包容，为社会的稳定与发展提供了坚实的基础。中国式现代化蕴含的价值观强调诚信和道德规范的重要性，诚信和道德规范是中华优秀传统文化的重要内容。诚信被视为一种高尚的品质，具有至关重要的社会价值。在商业交往、政治治理、社会互动等方面，诚信被认为是维护公平正义、促进社会和谐的基石。中国式现代化蕴含的价值观还强调仁爱和公益精神。仁爱是儒家思想中的核心范畴，强调对他人的关爱、尊重和帮助。公益精神则体现了社会责任意识，鼓励个体和组织为社会福利和进步作出贡献。

中国式现代化蕴含的价值观的独特优势在于其能够平衡传统文化与现代化发展的关系，既保留了中华优秀传统文化的精髓，又适应了现代社会的需求。这种价值观的践行不仅对中国的现代化进程产生了积极的影响，也为其他国家和地区提供了可借鉴的经验。

中国式现代化蕴含的价值观，不仅在国内产生了积极的影响，也对全球文明倡议产生了重要的影响。中国式现代化蕴含的价值观的践行，促进了文化交流与融合。作为一个拥有悠久历史和丰富文化传统的国家，中国通过传播自身的价值观，增进了与其他国家和地区的文明互鉴。中国式现代化蕴含的价值观，强调仁爱、和谐、诚信等核心价值，这些价值观具有普遍性、共同性和共通性，能够超越国界和文化差异，促进不同文明之间的相互理解和交流。中国式现代化蕴含的价值观的践行对全球治理与合作产生了积极影响。

中国作为一个重要的全球参与者，在推动全球事务中发挥着越来越重要的作用。中国坚持和平发展、合作共赢的原则，致力于构建开放、包容、公正的全球治理体系。这使得中国在国际事务中更具有说服力和影响力，为全球文明倡议提供了积极的推动力。中国式现代化蕴含的价值观的践行也对可持续发展和环境保护产生了重要影响。中国在推动绿色发展、建设生态文明方面取得了显著成就，并积极与其他国家分享经验和技术。中国式现代化蕴含的价值观强调可持续发展的重要性，倡导人与自然和谐共生的理念，这对于全球的可持续发展和环境保护具有重要的示范作用。通过文化交流与融合、全球治理与合作以及可持续发展与环境保护等方面的践行，中国为全球文明进程作出了积极贡献。

中国式现代化蕴含的价值观的践行和推广也需要正视挑战，如文化差异、理解障碍和利益冲突等问题。由于不同国家和地区的文化差异，中国式现代化蕴含的价值观可能会遭遇到一些理解障碍。在有的文化背景下，人们可能对中国的价值观有不同的理解和看法。利益冲突也是一个挑战，特别是在经济全球化进程中，各个国家和地区的经济、政治利益往往会产生冲突，这可能会对中国式现代化价值观的推广造成一定的阻碍。

然而，中国式现代化蕴含的价值观的未来前景仍然是积极向好的。随着经济全球化的深入发展，各国之间的文化交流与融合将变得更加密切，这将为中国式现代化蕴含的价值观的传播提供更多的机会和平台。中国作为一个重要的全球性大国，参与全球事务的角色和影响力不断增强，这也将为中国式现代化蕴含的价值观的推广提供更多的支持和机遇。中国在可持续发展和环境保护方面贯彻的绿色发展模式和实践经验分享，将对全球文明倡议产生积极的影响。尽管中国式现代化蕴含的价值观在推广过程中会面临一些挑战，但其未来的前景依然充满希望。习近平总书记强调："中方愿同各方一道，弘扬和平、发展、公平、正义、民主、自由的全人类共同价值，落实全球文明倡议，以文明交流超越文明隔阂、文明互鉴超越文明冲突、文明包容超越文明优越，携手促进人类文明进步。"[1]通过加强国际交流与合作，共同推动全球文明进步，中国式现代化蕴含的价值观将为全球社会的和谐发展与进步作出新的更大的贡献。

三、构建人类命运共同体

"促进世界和平与发展，推动构建人类命运共同体"[2]是党的二十大提出的中国式现代化建设的重要任务之一。这对深刻领会弘扬中国式现代化蕴含的全人类共同价值，构建人类命运共同体，总结构建实践经验都具有十分重要的理论与现实意义。

---

[1] 《习近平向第三届文明交流互鉴对话会暨首届世界汉学家大会致贺信》，《人民日报》2023年7月4日。

[2] 习近平：《高举中国特色社会主义伟大旗帜　为全面建设社会主义现代化国家而团结奋斗——在中国共产党第二十次全国代表大会上的报告》，人民出版社2022年版，第60页。

（一）把握内涵，清晰价值

构建人类命运共同体是弘扬全人类共同价值的直接载体。2015年9月，习近平总书记在联合国成立70周年系列峰会上，从伙伴关系、安全格局、发展前景、文明交流、生态体系等五大方面论述人类命运共同体的基本内涵。党的二十大进一步将"深化拓展平等、开放、合作的全球伙伴关系"，"维护世界和平"，"促进共同发展"，推动"文明多样性""交流""互鉴""超越"，坚持"绿色低碳""倡导全球治理""经济全球化""维护联合国核心地位"，纳入构建人类命运共同体的丰富内涵范畴，并明确提出全球命运共同体构建的目的是"行天下之大道""和睦相处""合作共赢""携手开创人类更加美好的未来"。

"构建人类命运共同体，实现共赢共享"[①]是习近平总书记提出的中国智慧与中国方案，"共赢共享"是全人类共同价值的直接现实价值旨归。"和平与发展是我们的共同事业"[②]，面对"和平赤字""发展赤字""安全赤字""治理赤字"的加重，以和平与发展为价值主题构建人类命运共同体必然成为全人类共同的事业。"公平正义是我们的共同理想"[③]，面对"恃强凌弱""巧取豪夺""零和博弈"的深重危害，构建人类命运共同体、维护国际公平正义就成为应然价值取向——价值理想。"民主自由是我们的共同追求"[④]，面对"单边主义""霸权主义""强权政治"

---

① 习近平：《共同构建人类命运共同体》，《人民日报》2017年1月20日。
② 《习近平出席中华人民共和国恢复联合国合法席位50周年纪念会议并发表重要讲话》，《人民日报》2021年10月26日。
③ 《习近平出席中华人民共和国恢复联合国合法席位50周年纪念会议并发表重要讲话》，《人民日报》2021年10月26日。
④ 《习近平出席中华人民共和国恢复联合国合法席位50周年纪念会议并发表重要讲话》，《人民日报》2021年10月26日。

"干涉别国内政"等非民主自由国际现象，倡导"国家不分大小、强弱、贫富一律平等"——都具有自主选择发展道路、制度的自由；坚持多边主义，国际事务处理民主化；推进主权选择自由化、国际关系民主化是构建人类命运共同体的价值目标和价值追求。

（二）构建理论，弘扬价值

构建中国式现代化理论体系，弘扬全人类共同价值，不断推动构建人类命运共同体。从2013年首次作出"国际社会日益成为一个你中有我、我中有你的命运共同体"①的主题范式；到2015年提出"携手构建合作共赢新伙伴，同心打造人类命运共同体"②的核心命题；到2021年至2022年构建人与自然生命、人类卫生健康、地球生命、全球发展、人类安全等五大共同体理念；再到党的二十大"促进世界和平与发展，推动构建人类命运共同体"的提出，中国式现代化理论体系逐渐形成，2023年提出的"全球文明倡议"将其加以进一步丰富完善。构建中国式现代化理论体系，构建人类命运共同体是一个产生—形成—完善的过程，也是一个由范式—命题—理念—理论的逻辑演变历程，这一理论已经成为引领人类新文明健康发展的鲜明旗帜。

理论架构——弘扬全人类共同价值的形式要件。构建中国式现代化理论体系和人类命运共同体必然形成独特的理论架构。在构建人类命运共同体模式中，不断弘扬全人类共同价值，并推动构建人类命运共同体与弘扬全人类共同价值有机融合，形成价

---

① 习近平：《顺应时代前进潮流　促进世界和平发展——在莫斯科国际关系学院的演讲》，《人民日报》2013年3月25日。
② 习近平：《携手构建合作共赢新伙伴　同心打造人类命运共同体》，《人民日报》2015年9月29日。

值—共同体一体化的理论构架。2015年在提出"构建""打造"理论的基础上，提出"和平、发展、公平、正义、民主、自由"的价值理念，并将其贯穿到"构建""打造"理论的全过程，体现了"构建""打造"的核心价值。构建人类命运共同体创新了促进文明交流、互鉴、超越——共同应对各种全球性挑战的新价值内涵，并真诚呼吁世界各国弘扬"全人类共同价值"。文明倡议将"共同价值"作为构建多元文明的直接价值目标，在构建人类命运共同体架构中以此不断弘扬、丰富、发展、完善全人类共同价值系统。

最大公约数——弘扬全人类共同价值的方法要件。最大公约数既是构建人类命运共同体的基础，又是弘扬共同价值的方法论。最大公约数本质上就是全人类共同价值认同的共同点，是构建人类命运共同体的价值基础。"推动构建人类命运共同体"的有力措施是找到不同"社会制度""意识形态""历史文化""发展水平"的"国家在国际事务中利益共生、权利共享、责任共担"的共同点，形成共建美好世界的最大公约数。"最大公约数理论"不仅揭示了不同肤色、不同种族、不同制度、不同文明国家或地区相互依存、命运相连的客观事实、发展规律，而且指出凝练"不同文明对价值内涵和价值实现的共通点"——实现全人类共同价值的现实道路，即构建人类命运共同体。最大公约数为构建人类命运共同体理论提供了切实可行的行动指南，为理论构建中弘扬"全人类共同价值"提供了世界观、方法论。

五个世界——弘扬全人类共同价值的实质要件。建设"持久和平""普遍安全""共同繁荣""开放包容""清洁美丽"的新世界，既是人类命运共同体构建的美好愿景，又是其构建的理论目标。构建对话协商持久和平世界、共建共享安全世界、合作共赢繁荣世界理论，弘扬和平、安全、发展的全人类共同价值；构建交流互鉴开放包容世界，弘扬自由、平等的共同价值；构建绿色低碳清洁美丽世界，弘扬绿色发展理念。五个世界是弘扬和平、安全、繁荣、包容、美丽价值的实质要件，其价值内涵与全人类共同价值直接同一，而这个理论的构建过程也就是全人类共同价值的弘扬过程。

构建人类命运共同体的内涵不断丰富，中国式现代化理论体系日臻完善、更加科学；在构建中国式现代化的过程中，得以不断弘扬全人类共同价值。

（三）构建实践，彰显价值

人类命运共同体构建实践既是理论向实践飞跃的必然，又是弘扬全人类共同价值的内在要求。推动构建人类命运共同体，通过10年的构建实践努力，已经取得较大成就，并在构建中不断弘扬全人类共同价值。

构建伙伴关系网络实践，彰显合作共赢价值。构建大国、周边国家、发展中国家的伙伴关系是构建人类命运共同体的重大实践。中国已同181个国家建立外交关系，同110多个国家、国际组织结成伙伴关系[1]；通过减贫、农业合作、促贸援助、生态保护及应对气候变化、医院和诊所、学校和职业培训中心等"6个100"[2]项目，将构建发展中国家伙伴关系落到项目支持上。构建伙伴关系实践是构建人类命运共同体的第一要务——伙伴本质上是命运共同体的有机要素。在构建伙伴关系过程中必然要以共同

---

[1]《奋力开创中国特色大国外交新局面——"中国这十年"系列主题新闻发布会聚焦新时代外交工作》，新华网，2022年9月30日。
[2]《为全球发展贡献中国力量（携手同心·新中国恢复联合国合法席位50周年）》，《人民日报》2021年10月31日。

价值为基础，不断弘扬平等、开放、合作的全球共同价值。

推进"一带一路"实践，彰显共建共享价值。2013年中国提出构建"一带一路"合作倡议，并着手与沿途国家一起将其构建为国际公共产品和国际合作平台，实质上是推动构建人类命运共同体的试验田。"一带一路"于2022年的双向投资额超过2700亿美元，境外经贸合作区投资累计571.3亿美元；承包工程新签合同额累计超过1.2万亿元、完成营业额累计超过8000亿美元，为当地创造42.1万个就业岗位；①构建实践留下"'国家地标''民生工程'和'合作丰碑'"②。"一带一路"是"构建人类命运共同体"的区域实践的重要平台。同时，"一带一路"实践是构建"人类命运共同体"实践的有机组成部分，在实践过程中以成功的事实彰显"共建共享"的全人类共同价值。

构建抗疫共同体，彰显同舟共济价值。新冠疫情肆虐期间，中国同180多个国家、十多个国际组织共同分享疫情防控方案、诊疗方案，派出38支医疗专家组协助34个国家抗疫；支援153个国家，15个国际组织获得抗疫物资，支持120多个国家和国际组织超过22亿剂疫苗。抗疫实践有力地推动了人类卫生健康共同体构建，实打实地弘扬并彰显了同舟共济的全人类共同价值。

维护以联合国为核心的国际组织体系实践，彰显国际关系民主化价值。联合国曾经是大国操作的工具，随着中国政府国际地位提升、话语权增强，由此打破了大国操作的格局。中国积极支持《联合国宪章》《世界人权宣言》《难民问题全球契约》《巴黎协定》等文件的出台及实施，并捍卫其权威性。支持联合国维和

---

① 《我国与"一带一路"沿线国家货物贸易额十年年均增长8%》，新华网，2023年3月2日。
② 《外交部发言人：高质量共建"一带一路"为各国共同繁荣带来新机遇》，新华网，2023年3月10日。

行动：31年来，参加联合国维和行动近30项，赴20余个国家和地区，派出维和人员5万多人次，有力地支持了联合国主持维护国际秩序的行动。支持联合国将多边主义作为国际秩序的基石，反对单边主义和特定国家阵营化、排他性小圈子[1]。积极参与联合国和国际组织的各种条约、协定、宣言的制定、实施：先后作为《联合国气候变化框架公约》《不扩散核武器条约》《禁止化学武器公约》《禁止生物武器公约》《科学家生物安全行为准则天津指南》缔约国缔约并推进实施落实。积极组织、参与金砖国家《北京宣言》和《行动纲领》的制定实施，积极践行《维也纳宣言和行动纲领》。制定《中国落实2030年可持续发展议程国别方案》并组织实施。在推进构建人类命运共同体的过程中，中国坚持认为世界只有以联合国为核心的一个国际体系，以国际法为基础的一个国际秩序，以《联合国宪章》为基础的一个国际关系基本准则，在维护联合国国际事务处理核心地位的实践中，从国际组织上保证了人类命运共同体的构建。在维护实践中彰显全人类共同价值的组织功能；弘扬人类命运共同体构建中国际组织承载的全人类共同价值。

构建经济全球化体系，弘扬共同发展价值。经济全球化是构建人类命运共同体的经济基础。"推进贸易和投资自由化便利化"[1]卓有成效：76个WTO成员国贸易、投资、电子商务凸显了自由化、便利化；"推进双边、区域和多边合作"取得重大进展：我国已与26个国家、地区签署了19个自由贸易协定，贸易额占

---

[1] 习近平：《不忘初心 砥砺前行 开启上海合作组织发展新征程——在上海合作组织成员国元首理事会第二十一次会议上的讲话》，《中华人民共和国国务院公报》2021年第28期，第6—8页。

外贸总额35%左右①；仅"一带一路"合作文件就与149个国家、32个国际组织成功签署了200多份②。"共同营造有利于发展的国际环境"格局初步形成：应对南北鸿沟和粮食、能源危机，构建联合国为核心，世界贸易组织（WTO）为载体，二十国集团、亚太经合、上海合作组织参与的机制平台，推动出台合作性的政策，强化成员国之间团结协作，营造经济全球化的宏观环境。在反对"保护主义""筑墙设垒""脱钩断链""单边制裁""极限施压"的实践中，旗帜鲜明地剔除危害全人类共同价值的负能量；力挺开放、包容、普惠、平衡、共赢的全人类共同价值。

践行全球治理，凸显民主、公正价值。积极参与全球治理的改革，构建真正的多边主义，改革少数大国控制格局。提出"全球发展倡议"，参与"联合国与全球经济治理"决议，构建共商、共建、共享的全球经济治理体系；提出"全球安全倡议"，积极参加全球安全规则制定实施，协助沙特、伊朗达成"北京和解"③，完成三方协议签署并发表联合声明，构建对话协商代替武装冲突的持久和平安全治理体系；提出"全球文明倡议"，尊重文明多元性，积极消除文明"隔阂、冲突、优越"，构建多元文明治理体系。积极参与《联合国防治荒漠化公约》《巴黎协定》《联合国气候变化框架公约》《全球环境公约》等倡议的制定和实施，构建绿色低碳、清洁美丽的全球环境治理体系；积极参与《2030可持续发展中的健康促进上海宣言》《健康城市上海共识》，构建人类卫生健康治理体系。

---

① 《商务部：我国已与26个国家和地区签署19个自贸协定 贸易额占比35%左右》，人民网，2022年2月17日。
② 《共建"一带一路"取得新发展成果》，人民网，2022年8月18日。
③ 《中华人民共和国、沙特阿拉伯王国、伊朗伊斯兰共和国三方联合声明》，新华网，2023年3月10日。

中国推动构建人类命运共同体的实践，推动维护全球共同利益，推进人类进步，推进世界大同；以无可争辩的事实全方位、多层次地弘扬全人类共同价值，夯实"开创人类更加美好的未来"构建实践及价值基础。

（四）构建拓展，升华价值

构建人类命运共同体永远都在路上，理想与现实、应然与实然的辩证统一必然推进构建拓展、理论升华。"构建人类命运共同体"是中国和各国人民应对变局的必然抉择。这既是一个不断发展完善的过程，也是一个价值取向不断升华为全人类共同价值的过程。

创新科技共同体，升华科技价值为全人类共同价值。"扩大国际科技交流合作，加强国际化科研环境建设，形成具有全球竞争力的开放创新生态"[1]是党的二十大指出的构建人类科技共同体方向。面向世界科技前沿、经济全球化主战场、各国不同需求、人民深层发展需要等现实情况，构建全球科技共同体成为时代必然。历史形成的以邻为壑、科技壁垒、科技封锁需要打破、亟待打破。努力将科技创新价值升华为共同价值，才能凝聚世界科技力量，攻克核心技术，完成世界性的重大科技项目攻关，实现科技创新；构建科技共同体是人类社会持续发展的福音。

构建数字共同体，升华数字价值为全人类共同价值。互联网承载、推进了经济、政治、文化、教育的数字化，数字化缩短了世界的空间距离，时间效应凸显，推进了经济全球化进程。参加《数字经济伙伴关系协定》，举办全球教育数字化、全球数字经济

---

[1] 习近平：《高举中国特色社会主义伟大旗帜　为全面建设社会主义现代化国家而团结奋斗——在中国共产党第二十次全国代表大会上的报告》，人民出版社2022年版，第35页。

大会、搭建全球数字经济交流合作平台（北京）等，构建数字中国-数字世界一体化的数字共同体，将普惠平衡、协调包容、合作共赢、共同繁荣的数字共同体升华为全人类共同价值。

构建多样性文明的世界共同体，弘扬全人类共同价值。习近平总书记四个"共同倡导"①是对全球文明倡议的经典解读："尊重世界文明多样性"是前提，是不同文明交流、互鉴、共存和消除隔阂、冲突、优越的基础；"重视文明传承和创新"是文明多样性构建、发展的驱动力；"加强国际人文交流合作"是多样性文明相识、相知、相互理解、相互尊重的现实路径；"弘扬全人类共同价值"是文明倡导的核心价值观。"重视文明传承和创新"本质上是不同文明的守正创新，在构建多样性文明共同体的过程中，创新驱动必然产生新的文明因子、文明形态；而创新的价值取向，必须坚持弘扬全人类共同价值。文明倡导要落到实处，实践支撑、创新支撑是重要关键点；构建人类文明共同体创新驱动的实践任重道远。只有坚持全人类共同价值取向，才能构建符合人类社会发展趋势的文明形态或文明因子，否则创新实践会因缺乏价值支撑，而失去存在的重要意义和价值。

科技、数字、文明是中国式现代化面临的年轻领域，也是构建人类命运共同体面临的新课题。中国已经提出一系列应对方法，但实践的创新性、探索性决定了构建人类命运共同体要素的新型性和不确定性及拓展的主攻方向。只有坚持弘扬全人类共同价值作为构建的核心价值取向，并在实践中不断将价值升华，才能在拓展领域真正构建人类命运共同体，弘扬全人类共同价值，推进人类全面进步。

---

① 《习近平出席中国共产党与世界政党高层对话会并发表主旨讲话》，《人民日报》2023年3月16日。

中国式现代化的一系列重大任务，既是中国人民自由全面发展的价值体现，又是实现科学社会主义的大同理想，更是造福世界的伟大事业。中国式现代化在推动民族复兴的同时谋求人类进步、世界大同——弘扬全人类共同价值，构建人类命运共同体。人类命运共同体的内涵、理论构建、实践探索、领域拓展都应以弘扬全人类共同价值为核心取向。只有在推动人类命运共同体理论—实践—拓展的构建中，大力弘扬全人类共同价值，才能推动构建过程始终保持正确的价值方向，才能使构建成为中国式现代化建设的有机组成部分。携手构建对话协商、共建共享、合作共赢、交流互鉴、绿色低碳的人类命运共同体虽然任重道远，但只要坚持共同弘扬全人类共同价值的发展理念，人类文明新形态必然前途光明。

四、"普世价值"是个伪命题

弘扬全人类共同价值与反对西方所谓的"普世价值"，二者之间属于必然关系，因为"普世价值"是虚伪的，具有欺骗性，只有反对和批判"普世价值"，才能不断彰显中国式现代化蕴含的价值观并弘扬全人类共同价值。

（一）关于"普世价值"的内涵

关于"普世"一词的内涵，最早可以在希腊城邦制度解体后出现的斯多葛主义中寻找到线索。斯多葛学派强调的天下一体、天下一家思想以及所有人在精神上和人格上一律平等的思想都可以看作是对西方个人主义观念的早期表述。而后"普世"与"普世主义"一词被用于基督教义中。在东欧剧变后，西方自由主义政治家们赋予"普世价值"虚伪的政治内涵，意在瓦解与西方文明相冲突的其他文明，鼓吹西方文明中心论。

现如今，对"普世价值"的内涵有多种解读，一种说法是"普世价值"是多种道德价值的共同点，是作为"普世"特征的欺骗性的共性价值提炼；此外，还有部分学者认为"普世价值"就是资产阶级鼓吹自由、平等、人权等虚伪价值主张的一系列具有文化霸权色彩的意识形态体系。但无论是哪一种内涵，其实质都是抽象的唯心主义认识论和西方的意识形态霸权。这主要体现在以下几点：首先，西方的"普世价值"宣扬的是一种超历史、超阶级的价值体系，而辩证唯物主义则认为社会存在决定社会意识，不存在超越阶级与历史的普遍适用价值。西方自由主义政治家们宣扬的"普世价值"，忽视了不同国家存在的经济和社会发展差异。具体来说，不同国家在经济、社会、文化、地理环境等各个方面都面临着不同的挑战和问题，需要根据不同国情采取不同的发展模式及政策。其次，西方的"普世价值"宣扬个体权利的重要性，但这实际上都是建立在抽象的个人基础上的。看似将个体自由置于神圣不可侵犯的地位，认为每个人都有平等的权利，但是其所宣扬的言论自由、行动自由、政治自由等实质上都是虚假的，都是为了维护占有资本的少数人的权利。西方主张人们应该被平等对待，却很难将剩余资本均分给贫民；主张个人生活不受任何形式的歧视和压迫，但在日常生活中依旧存在对黑人等有色人种的歧视，诸如此类的情况时有发生。实际上，统治者习惯于"把特殊利益说成是普遍利益，或者把'普遍的东西'说成是占统治地位的东西"①。最后，西方政治家将"普世价值"

---

① 《马克思恩格斯选集》第1卷，人民出版社2012年版，第181页。

不断强加在其他文化中，导致具有不同文化背景的国家间极易出现文化侵略和文化冲突。不同的文化和国家有不同的历史、传统和信仰，不能用同样的标准来衡量。在推行"普世价值"的过程中，西方国家往往也存在双重标准，这导致一些国家利用"普世价值"的名义来干涉其他国家内政。这实际上是西方国家通过意识形态的同化进而达到推行文化霸权与政治强权的目的。

（二）关于"普世价值"的虚伪性

在马克思主义认识论的体系中，普遍性的一般性原理已表明不存在超越历史、超越阶级普遍适用的概念，实际上，以"自由、平等、人权"为主要内涵的西方所谓的"普世价值"，不外乎是作为西方统治阶级为了维护少数占统治地位的资产阶级利益而压迫多数人的意识形态，是虚伪的、虚假的意识形态。换句话说，西方自由主义政治家所倡导的"普世价值"，本质上是宣扬西方自由民主制度的先进性，进而否定马克思主义意识形态和社会主义的科学性。对于我国来说，西方资本主义国家借"普世价值"否定中国共产党的领导，否定中国式现代化的价值观，妄想通过控制意识形态来阻碍社会主义社会的发展。因此，西方社会中的"普世价值"本质上极具虚伪性和虚假性。

其一，西方的"普世价值"实质是通过宣扬西方资本主义的优越性以达到贬低社会主义的目的。"普世价值"以西方民主政体中的自由、民主、人权等理念为核心，夸大西方民主制度具有"普世性"，而一旦提到社会主义社会时，常用官僚、剥削、压抑、集权、专断、落后等一系列具有负面色彩的词语来描述。自启蒙运动以来，"理性主义"成为推动工业革命创造物质财富的理论基础，这成为西方自由主义政治家大肆宣扬资本主义制度优越性的依据，正如亨廷顿所鼓吹的，"现代社会一定接近于某种单一的类型，即西方类型，现代文明即西方文明，西方文明即现代文明。然而，这是完全虚假的同一"①。实际上，西方自由主义政治家审视中国的角度仍停留在工业革命时期，用自由主义人权理性、自由平等的陈规旧说评价当下中国的发展。相反地，在描述西方殖民侵略史时则加以修饰和美化。其实评价一个国家的政治制度和价值体系的标准并不是固定的，也绝非唯一的，既要看这个政治制度是否适合这个国家国情的发展，也要看这个政治制度是否存在损害其他国家利益的嫌疑，更要看人民是否对此满意等。单独看某一种社会制度并无高低优劣之分，都是社会历史发展的环节。西方政治家们依据西方资本主义社会的国情批判社会主义制度及依托社会主义制度基础上的意识形态，显然是不具有科学性的，对社会主义的贬低也是荒谬的。与此同时，社会的发展不是一成不变的，对旧中国的看法对于当今发展的新中国早已不再适用。尼克松也曾直言道，美国在同世界各国相处时一个最常犯的毛病，就是倾向于用西方民主的标准去衡量所有国家的政府，用西欧的标准去衡量各国的文化。②

其二，西方的"普世价值"实质上是西方社会强权政治在意识形态领域的文化霸权的体现。西方国家在鼓吹"普世价值"时，经常将其与本国利益相混淆。他们往往以推广"普世价值"为名义，干涉其他国家内政，甚至进行军事干预，这明显使"普世价值"成为一种对外扩张的工具。这种做法使西方国家在推广"普世价值"时表现出明显的虚伪性。二战后，以美国为首的西

---

① 〔美〕塞缪尔·亨廷顿：《文明的冲突与世界秩序的重建》，周琪等译，新华出版社2002年版，第60页。
② 〔美〕理查德·尼克松：《领导者》，尤勰等译，世界知识出版社1998年版，第394—395页。

方资本主义国家,妄图通过"和平演变"的方式解决与社会主义国家的分歧,他们凭借强大的经济、军事和文化实力对其他国家指手画脚,并通过国际组织、经济援助、文化输出等手段将西方的"普世价值"推广到其他国家和地区。在这个过程中,西方社会的价值观常被视为"普世准则",其他国家的文化和价值观深受其害。这种推广方式忽视了不同文化间的特殊性和历史背景,导致国家间的文化同化与文化冲突,从而破坏了世界文化的多样性。与此同时,西方社会作为知识产出和媒体制造的中心,拥有广泛的软实力影响力。西方的学术界和媒体常常将自身的价值观和标准视为"普世价值"的典范,并用自己的观点来评判其他文化和国家。这种思维方式和舆论影响力,致使其他文化被边缘化、曲解或扭曲,并与西方的标准产生冲突。此外,西方社会在推广"普世价值"时也存在双重标准的问题。有时候,西方国家会根据自身的利益和政治立场选择是否支持和强调"普世价值"。例如,在一些国际冲突中,西方国家常常以民主和人权为名义进行干预,但却选择性地忽略其他地区的类似问题。这种双重标准不仅引发了一些学者对于"普世价值"的质疑,而且凸现了"普世价值"的虚伪性。

其三,西方的"普世价值"的实质就是否定我国的社会主义制度。首先,我国坚持中国共产党的领导地位,将党的领导作为中国特色社会主义最本质的特征之一。坚持走社会主义道路,以社会主义制度为基础,推进经济、政治、文化和社会全面发展。我们致力于实现社会主义的根本目标,追求社会公平、正义和持续发展。西方的"普世价值"则强调资本权利和资本自由。其次,为了保障国家长期稳定和人民的根本利益,我国坚持人民民主专政制度。即人民当家作主,政府代表人民行使国家权力,同时保障人民的各项权利，并通过人民代表大会制度和其他形式保障民主决策，保持政府的合法性和人民的参与性。西方所谓"普世价值"下的资本主义制度，实行虚伪民主和多党竞选。他们宣扬西方"普世价值"中的多党竞选机制是促进民主的重要途径，但实际上美国总统的竞选者的背后往往是强大的资本，西方民主实质上是金钱民主。最后，我国创新性地提出社会主义市场经济，兼顾效率与公平，让人民共享改革开放的成果以提高人民的生活水平和福祉。与之不同的是，西方宣传"普世价值"的资本主义，使得贫富分化愈演愈烈。表面上看西方社会强调公平民主，然而西方的公平是资本的公平，而非人的权利的公平，西方的民主也非全体人民的民主，而是掌握资本的少数人的民主，只是虚假民主。

（三）在反对西方"普世价值"中阐明中国式现代化蕴含的价值观

中国式现代化的价值观是指在推进现代化目标的过程中，以中国特定的历史、文化和社会背景为基础，中国人民在中国共产党领导下凝练出的一套适应我国国情的具有中国特色的价值观。在批判西方"普世价值"的基础上，弘扬中国式现代化蕴含的价值观，坚持以人民为中心、人民至上，树立文化自信，弘扬全人类共同价值，不断推进中国式现代化和全体人民的共同富裕，积极承担大国责任。

首先，中国式现代化蕴含的价值观反对西方"普世价值"，坚持人民至上，中国式现代化实际上是人的现代化。前文提道，西方"普世价值"表面上看是宣扬人的自由、民主、权利等，但实际上保障的也仅仅是少数占有资本的人的自由、民主、权利。

据此，我们可以说，在西方资本主义国家中，自由的并非人而仅仅是资本。相反地，中国式现代化蕴含的价值观强调以人民为中心，尊重人的主体地位，关注每个人的发展和幸福感。人的现代化不仅仅体现在经济的繁荣和科技的进步，更重要的是关注人民的全面发展，实现人民对美好生活的向往。同时维护稳定和谐以保障人民生活长治久安，秉持稳中求进的发展理念，注重维护社会秩序，保障并不断提升人民的安全感和幸福感，努力构建和谐社会，促进全体人民共同参与、共同发展。此外，中国式现代化蕴含的价值观，还关注人与人之间的和谐共处、人与自然的和谐共生，倡导和平、发展、合作、共赢的国际关系理念，积极参与全球事务，推动构建人类命运共同体。中国积极倡导开放、包容的态度和立场，推动多元文化的交流与融合，实现国内外各种力量的和谐发展、和平发展。

其次，中国式现代化蕴含的价值观，不仅反对和批判西方所谓的"普世价值"，而且以我国传统文化为根基，推陈出新，树立中华民族文化自信和价值自信。作为古代四大文明中唯一没有中断的中华文明，有着悠久的历史和深厚的文化价值底蕴。中国式现代化蕴含的价值观，以我国优秀传统文化为基石，通过深入挖掘和发扬优秀传统文化，使其与现代价值观相结合，为现代社会提供道德规范和行为准则，发展出具有自身特色和独立价值的现代化价值观体系，集中体现为以富强、民主、文明、和谐，自由、平等、公正、法治，爱国、敬业、诚信、友善为核心的社会主义核心价值观以及和平、发展、公平、正义、民主、自由的全人类共同价值，倡导爱国主义、集体主义、家庭观念等优秀传统价值观。社会主义核心价值观对应三重主体，分别为国家、社会和个人。其中中国共产党是在社会主义核心价值观引导下的整个社会的管理者和组织者,是法律法规的制定者,在推动社会主义核心价值观的实施中起着至关重要的作用。国家需要在中国共产党的领导下,制定符合社会主义核心价值观的法律法规,加强教育系统建设,培养具有社会主义核心价值观的公民,同时通过宣传、引导和激励等方式,推动社会主义核心价值观在全社会的普及和传播。社会是社会主义核心价值观的实际承载者和发展空间。在社会层面,不同社会群体的相互作用和影响情况,决定了社会主义核心价值观的贯彻及实现程度。社会需要形成良好的社会氛围和文化氛围,倡导和践行社会主义核心价值观。各种社会组织、企业、学校、媒体等也可以发挥积极作用,通过组织活动、开展教育、传媒宣传等方式,培养人民群众的社会主义核心价值观。个人是社会主义核心价值观的最终接受者和实践者。在个人层面,每个人都应当自觉践行社会主义核心价值观,树立正确的世界观、人生观和价值观。个人应当关注社会公益,尊重他人的权利,注重个人修养和素质提升,积极参与社会建设和公共事务。通过个人的努力和言行,逐渐形成全社会的共同价值追求,实现社会主义核心价值观的全面落地。此外,中国式现代化蕴含的价值观,鼓励创新思维,推动科技进步和社会变革。它要求我们敢于打破陈规旧习,勇于面对问题和挑战,在优秀传统文化的基础上进行创造性转化和创新性发展,探索并不断推进适合中国国情的现代化。

最后,中国式现代化蕴含的价值观的目标是实现全体人民的共同富裕,而非像西方"普世价值"那样仅仅维护少数人的利益。一方面,中国式现代化蕴含的价值观,追求全民族的共同富裕。它不仅关注经济的增长和发展,也注重解决社会问题、改善民生水平。追求的是全面发展,强调在经济、政治、文化、教育、科技和环境等领域的均衡发展。它注重人的全面发展，既包括物质生活水平的提高，又注重精神生活的不断提升、道德素质的培养以及文化传承。它注重在经济发展的同时保持社会稳定和政治稳定，强调发展与稳定的良性互动。在生产力建设上，强调全面协调可持续的高质量发展。在分配上，兼顾效率与公平。坚持国家利益与人民利益的统一，即让人民共享现代化的成果。生产力的发展带来的不是像西方那样的贫富阶层分化，而是致力于消除贫困、促进经济发展和社会公平，让广大人民共同享受到社会进步带来的福利。中国式现代化还强调国家利益与人民利益的统一，关注国家发展和民族振兴的大局，注重维护人民的切身利益和权益。中国式现代化不仅仅是一个国家的现代化，更是整个民族的、人的现代化，必须将国家利益与人民利益紧密结合起来，推动全民族的共同富裕。

另一方面，中国积极树立大国形象，承担大国责任。在发展生产力的同时，还推动绿色发展、低碳经济和生态文明建设，以实现经济发展与环境保护的良性循环。同时，中国积极参与全球事务，推动构建人类命运共同体，倡导和平、发展、公平、正义、民主、自由的全人类共同价值，积极投身全球治理体系的改革和建设。

总而言之，西方倡导的"普世价值"是虚伪的，是西方国家面对与其意识形态相矛盾的其他国家的一种意识形态霸权的体现。因此，要擦亮眼睛反对并批判"普世价值"，这要求要牢固"四个意识"、坚定"四个自信"，做到"两个维护"，在实践中大力弘扬中国式现代化蕴含的价值观。

第五章

引领世界现代化

中国式现代化的价值观，不仅引领中国式现代化，而且不断推动人类进步发展，引领世界现代化，为世界现代化发展作出了重要贡献。

一、引领中国式现代化

中国式现代化的价值观，在引领中国式现代化发展的同时，还通过不断满足人民对美好生活的需要，不断推进共同富裕、不断促进物质文明与精神文明协调发展、不断推进人与自然和谐共生，推动中国式现代化沿着社会主义方向发展。深入全面学习、把握、理解中国式现代化蕴含的价值观所引领的中国式现代化，对于推进我国全面建设社会主义现代化国家、以中国式现代化全面推进中华民族伟大复兴的宏伟蓝图都具有重要意义。

（一）不断满足人民对美好生活的需要

中国式现代化蕴含的是人民至上的价值观，其价值目标是不断满足人民对美好生活的需要。习近平总书记在党的二十大报告中指出："为民造福是立党为公、执政为民的本质要求。必须坚持在发展中保障和改善民生，鼓励共同奋斗创造美好生活，不断实现人民对美好生活的向往。"[1]这充分彰显了我们党坚定的人民立场和在新征程上不断把人民对美好生活的向往变为现实的坚强决心。中国式现代化是党通过百年征程的不懈追求持续探索出来的，在每个历史时期的伟大成就和伟大飞跃中，都包含着中国式

---

[1] 习近平：《高举中国特色社会主义伟大旗帜　为全面建设社会主义现代化国家而团结奋斗——在中国共产党第二十次全国代表大会上的报告》，人民出版社2022年版，第46页。

现代化所蕴含的价值观的时代内涵，其发展都是不断满足人民美好生活的需要。我们要始终做到发展为了人民、发展依靠人民、发展成果由人民共享，始终把人民对美好生活的需要作为推进中国式现代化的出发点和落脚点，让人民生活更加幸福美好。

第一，中国式现代化的价值目标是不断满足人民对美好生活的需要。

党的十九大报告宣布中国特色社会主义进入新时代，新时代的总目标是在本世纪中叶建成富强民主文明和谐美丽的社会主义现代化强国，新时代的社会主要矛盾是人民日益增长的美好生活需要和不平衡不充分的发展之间的矛盾。进入新发展阶段，人民对美好生活的向往不断呈现出多样性、多层次、多方面的特点。人民对美好生活的需要主要表现为：其一，人民对物质性的需要。物质性需要是人的本能需求，人们为了能够"创造历史"，必须能够生活。为了生活就必须进行生产满足生存性需要。只有物质条件得到一定程度的发展，人们对精神生活的追求才能得以日益显现。其二，人民对社会性的需要。社会性需要是在物质性需要得以基本满足的基础上才形成的，包括社会安全、社会治理、社会就业、社会保障和社会公正等方面。其三，人民对心理性的需求。心理性需求体现为人与人、与自我之间的关系需求，包括尊重的需求、情感共情的需求、自我实现的需求等。人的需要是由低层次向高层次不断发展的，随着社会的进步，人民的需求会越来越高，需求也会越来越多元化。中国式现代化不是某些人、某一集团或是某一阶级的现代化，是全体人民的现代化。中国共产党不屑于隐瞒自己的任何观点和意图，始终坚持全心全意为人民服务，始终实现好、维护好、发展好最广大人民的根本利益；始终把实现全体人民的共同富裕确定为党的事业宗旨和社会主义建设的根本目的，始终坚持根据本国国情走自己的发展道路。中国式现代化是高质量、高水平的现代化，致力于不断把人民对美好生活的向往变为现实，不断将人们的生活水平和生存发展提高到新高度、新层次。

为了解决我国新时代的社会主要矛盾，满足人民对美好生活的需要，党的二十大报告中对此进行了系统谋划和精确部署。没有坚实的物质基础，没有健全稳定的社会安全、治理、保障等体系，没有健康的心理性需求，就不能推进中国式现代化，就不能全面建成社会主义现代化强国，也就不能满足人民对美好生活的需要。中国式现代化的价值目标是不断满足人民对美好生活的需要。一是为了满足人民物质性需要，我国加快构建新发展格局，着力推动高质量发展，把扩大内需战略同供给侧结构性改革有机结合起来，增强国内大循环内生动力和可靠性，提升国际循环质量与水平。大力推进生产力高水准、高质量发展，不断满足人民追求更高的物质生活水平。二是为了满足人民社会性需求，提高人民生活品质，大力增进民生福祉。人民的美好生活，不仅意味着人们生活得更好，有更高的生活品质，也意味着要求更广泛、更深层次地增进民生福祉，促进全体人民的共同富裕。实现好、维护好、发展好最广大人民根本利益，紧紧抓住人民最关心、最直接、最现实的利益问题，着力解决人民群众急难愁盼的问题，健全基本公共服务体系，完善社会的安全、社会的治理、社会的保障和社会的公正等方面的需求，不断实现人民对美好生活的向往。三是为了满足人民心理性的需求，我国不断增强文化自信，建设具有强大凝聚力和引领力的社会主义意识形态，培育和践行社会主义核心价值观，不断繁荣发展文化事业和文化产业，提升全社会文明程度，形成充满活力、积极强大的精神力量。使广大人民都能相信自己的能力，相信自己的价值，充分发挥个人能力及其积极性和主动性，为实现中华民族伟大复兴作出新贡献。

第二，中国式现代化实践成就不断满足人民美好生活需要。

习近平总书记指出："江山就是人民，人民就是江山，中国共产党领导人民打江山、守江山，守的是人民的心。"①人民对美好生活的向往始终是中国共产党人长期的奋斗目标，中国共产党领导人民从站起来到富起来再到强起来的过程，就是领导人民不断创造幸福生活和使人民对美好生活的向往变为现实的过程，就是实现从政治解放到解决温饱，从总体小康到实现全面小康的过程。这是党为人民谋幸福的初心，是中国共产党为实现人民美好生活向往的历史自觉和使命担当。

新民主主义革命时期，实现民族独立和政治解放是人民最大的心愿。党为了人民的根本利益，浴血奋战、百折不挠，推翻三座大山，夺取了新民主主义革命伟大胜利。在这一时期，党在根据地、解放区带领农民开展了土地革命和发展地方经济等活动，满足了当时人民群众的根本利益，获得了广大人民群众的支持。党带领人民建立新中国，彻底结束了半殖民地半封建社会，彻底结束了全国一盘散沙的局面。中国从几千年封建专制政治过渡为人民民主专政政治，实现了伟大飞跃，实现了中华民族"站起来"的伟大目标。

社会主义革命和社会主义建设时期，党为了人民的根本利益而奋斗，改变了一穷二白的国家面貌，让人民真正成为了国家的主人。新中国一成立，中国共产党就把解决人民温饱问题作为头等大事，作为最为紧迫的政治任务。党领导人民自力更生、发愤

---

① 习近平：《高举中国特色社会主义伟大旗帜　为全面建设社会主义现代化国家而团结奋斗——在中国共产党第二十次全国代表大会上的报告》，人民出版社2022年版，第46页。

图强，开始了建设社会主义现代化国家新的伟大长征。制定了新中国第一部选举法和宪法，实现了人民第一次当家作主，人民从此成为国家的主人。三年的社会主义改造，建立了社会主义制度，人民有史以来第一次成为社会财富的享有者，极大地激发了人民群众建设社会主义的积极性。这一时期，实现了中华民族有史以来最为广泛而深刻的社会变革，奠定了社会主义现代化道路的根本政治前提和制度基础；实现了从一穷二白、人口众多的东方大国大步迈进社会主义社会的伟大飞跃，为成功开辟中国式现代化积累了宝贵经验和物质基础。中国共产党对当时中国的社会矛盾有了新的认识，把发展经济、改善人民的生活和保障人民当家作主作为主要任务提了出来。

改革开放和社会主义现代化建设新时期，中国共产党继续探索中国建设社会主义的正确道路，解放和发展社会生产力，使人民摆脱贫困、尽快富裕起来。以邓小平为主要代表的中国共产党人，深刻总结社会主义建设的正反两方面经验，围绕着"什么是社会主义、怎样建设社会主义"这一根本问题，进行了深入思考和探讨。鉴于国内外形势的巨变，党把工作重心转移到经济建设上去，领导人民解放思想、锐意进取，大踏步赶上时代。实现了从高度集中的计划经济体制到充满活力的社会主义市场经济体制、从封闭半封闭到全方位开放的历史性转变，为中国式现代化提供了充满新的活力的体制保证。此后，邓小平根据我国国情，提出了"先富带动后富，最终实现共同富裕"的政策，以防止两极分化的进一步扩大化。这一时期我国的综合实力日益强盛，人民幸福生活得以进一步提升，全国大多数人民的温饱问题基本上解决。党的十三届四中全会，以江泽民为主要代表的中国共产党人，在总结改革开放经验、东欧剧变和苏联解体的深刻教训后，注重以深化改革来实现人民幸福生活。进入新世纪，同时我国也进入了发展的关键期、改革攻坚期，社会呈现区域城乡发展不平衡的矛盾，国家经济实力虽然提升显著，但结构性矛盾和粗放型的增长方式尚未改变。胡锦涛提出了"科学发展观"和"构建和谐社会"等理念，既强调以人为本，又坚持全面、协调、可持续的发展要求，更多地让发展成果惠及民众。经过长期的艰苦奋斗和努力拼搏，中国人民的获得感、幸福感、安全感不断提升，更加充实、更有保障、更可持续，对未来美好生活也有了更高的期待。

党的十八大以来，习近平总书记始终把"谋求人民幸福"写在自己的旗帜上，深刻指出"人民对美好生活的向往，就是我们的奋斗目标"①。中国特色社会主义进入新时代，以习近平同志为核心的党中央准确把握我国发展形势，适应人民要求，明确指出我国社会主要矛盾已经转化为人民日益增长的美好生活需要和不平衡不充分的发展之间的矛盾。党的十九大把打赢脱贫攻坚战作为全面建成小康社会的三大攻坚战之一，截至2021年2月，我国现行标准下农村贫困人口全部脱贫，解决了区域性整体贫困问题，完成了消除绝对贫困的艰巨任务，第一个百年奋斗目标如期实现，中国人民实现了全面小康，增强了人民群众的获得感与幸福感。此外，中国共产党还通过全面从严治党，确保党的基本路线得到贯彻执行。最大限度满足人民群众美好生活的需要，积极回应人民群众的迫切期待，敢于刀刃向内，着力解决人民反映强烈、损害人民利益的突出问题，让人民的幸福线更加亮丽。"人民有信仰，民族有希望，国家有力量"②，在国家"强起来"的

---

① 《习近平谈治国理政》第1卷，外文出版社2018年版，第424页。
② 《习近平谈治国理政》第2卷，外文出版社2017年版，第323页。

过程中，让人民有更多获得感，不断提高实现人民美好生活向往的能力，让人民群众对党有信心，能实实在在从情感上认同党、真真切切拥护党，对未来有盼头，切实感受到公平正义就在我们身边。

第三，始终把满足人民对美好生活的需要作为发展的出发点和落脚点。

当前，不断实现人民对美好生活的向往已经站到了一个新的历史起点。"必须坚持在发展中保障和改善民生，鼓励共同奋斗创造美好生活，不断实现人民对美好生活的向往。"①党的二十大报告提出了保障和改善民生的新要求和重大举措，为在新的起点上不断实现人民对美好生活的向往提供了根本遵循。在全面建设社会主义强国、实现第二个百年奋斗目标，以中国式现代化全面推进中华民族的伟大复兴，不断把人民对美好生活的向往落在现实的征程上，我们必定会遇到各种新情况、新问题、新挑战，为此：

其一，要立足人类社会发展规律，洞察时代发展大势，始终把人民对美好生活的需要作为中国式现代化的出发点。人民群众是历史的真正创造者，人类历史是直接从事生产实践的人民群众的历史，帝王将相等少数历史伟人固然能推动或延缓历史前进的脚步，但最终决定历史格局或历史发展趋势的力量还是人民群众，人民群众是推动历史进步的最终决定力量。尊重人民群众的主体地位、顺应民心、尊重民意、关注民情、致力民生是遵循人类社会发展规律的体现。我们在理解、掌握人类社会发展规律的基础上，要洞察时代大势蕴含的复杂多变的新机遇、新挑战，正

---

① 习近平：《高举中国特色社会主义伟大旗帜　为全面建设社会主义现代化国家而团结奋斗——在中国共产党第二十次全国代表大会上的报告》，人民出版社2022年版，第46页。

确分析、科学判断世界的发展变化，揭示人类发展进步的必要性在于要把人民的立场、人民的根本利益贯彻发展的全过程。党的十九大以来，我国经济的发展和民生的改善不断提升，人民群众会生发出更多的新期待和新要求，追求更高的生活品质。人民对美好生活的需求没有终点，只有一个又一个的新起点，要始终把人民对美好生活的需要作为推进中国式现代化的出发点。

其二，立足我国具体国情，聚焦国内人民的现实问题。由于人的认识具有局限性，我们总是在历史给定的条件下认识世界、改造历史。我们推动中国式现代化实现人民对美好生活的向往，无法超越当前给定的历史条件。问题是时代的声音，更是推动实现全面建设社会主义现代化强国、全面推进中华民族伟大复兴的必由之路、应有之义。推进中国式现代化必须立足现实国情，解决在推进中国式现代化进程中出现的各种重大现实问题，抓住人民最关心、最直接、最现实的利益问题。深刻把握中华民族复兴战略全局和世界百年未有之大变局的深度互动，辩证理解人民对美好生活的需要与推进中国式现代化的相互关系，准确分析我国面临的战略机遇与风险挑战，聚焦人民最为关心的现实的问题，把人民对美好生活的向往作为奋斗目标，尊重人民群众的首创精神，不断从人民群众中吸取智慧和力量。

其三，着眼底线思维，面向未来"尽力而为，量力而行"，始终把满足人民对美好生活的需要作为推进中国式现代化的落脚点。世界上的事物千差万别而又纵横交错、错综复杂，都是在一定条件下存在的定在，并能在一定条件下发生转化。量变到一定程度会引起质变，一个事物不再是其所是，而变成了其他事物，是因为该事物超越了旧事物的限度。任何事物的存在都是有度的，追求发展必须保障底线，要具备底线思维。习近平总书记在谈到底线思维时，一再强调是为了增强风险意识、忧患意识、危机意识，避免发生系统性的风险和犯颠覆性的错误，只有在此基础才谈得上带领人民创造美好生活。全心全意为人民服务是我们党的根本宗旨，满足人民对美好生活的向往，既需要尽力而为，又需要量力而行。民生工作直接同老百姓见面、对账，来不得半点虚假，要持之以恒把民生工作抓好，发扬钉钉子精神，推出的每件事都要一抓到底，一件事情接着一件事情办，一年接着一年干，努力做到件件有着落、事事有回音，让群众看到变化、得到实惠。我们要增强解决发展不平衡不充分问题的针对性，始终做到发展为了人民、发展依靠人民、发展成果由人民共享，始终把人民对美好生活的需要作为推进中国式现代化的出发点和落脚点，让人民生活更加幸福美好，我们就一定能在新发展阶段不断创造新辉煌、铸就新伟业。

（二）推动中国式现代化沿着社会主义方向发展

中国式现代化蕴含的价值观，在推动中国式现代化沿着社会主义方向发展方面，关键在于坚持党的领导，具体表现在以下三个方面：

第一，不断推进全体人民的共同富裕。

中国式现代化首先表现于其发展彰显"人民"立场、坚守人民至上的价值理念，不断推进全体人民的共同富裕。

一是共同富裕的价值底色彰显"人民"立场。早在19世纪，马克思、恩格斯吸收人类优秀文明成果，在准确阐释历史发展规律、全面批判资本主义社会和科学回答未来美好社会样态中，就已勾勒出人类共同富裕的发展轮廓。马克思、恩格斯从生产力与生产关系的视角探讨无产阶级工人的解放，论述无产阶级的思想解放、政治解放，无产阶级怎样才能摆脱奴役、剥削和压迫，怎样实现共同富裕目标，通达人的自由全面发展。共同富裕的实现依赖生产力的高度发展和生产关系的深层变革。随着生产力发展到一定程度，资本主义生产关系不断阻碍生产力的发展，无产阶级工人通过与资本家斗争，使资本社会化占有，资本主义的个体资本会被集体资本所替代，工人和资本家的矛盾不断激化、不断推动社会发展。在未来新的、更高的生产关系的作用下，在物质生产力达到一定高度时，生产资料私有制最终会被消灭，进而实现共同发展、共同富裕。

生活富裕是人类的普遍愿望，是人们的美好愿景，更是中华优秀传统文化的重要理念。早在春秋战国时期，中国古代儒家经典《礼记·礼运》就提出"大道之行""天下为公"的大同社会理想。孔子强调，"闻有国家者，不患寡而患不均"，贾谊在《新书·大政上》也指出"以富乐民为功，而以贫苦民为罪"。孙中山先生领导资产阶级民主革命，秉持"天下为公"思想，将"平均地权""节制资本"作为重要方针，企图破除封建制度，让中国人民摆脱压迫。无论是历朝历代的农民起义，还是近代以来的资产阶级民主革命，无不体现了广大民众对共同富裕的企盼和执着追求。但由于没有科学的理论指导，没有切实的社会制度保障，一次次的革命运动终究以失败告终，也因此那时共同富裕是不可能实现的。

中国共产党从成立之日起，就把为人民谋幸福、为民族谋复兴作为初心使命。从中国共产党的第一代领导人开始，就把人民立场作为根本的政治立场，始终坚持全心全意为人民服务，始终把实现好、维护好、发展好最广大人民群众的根本利益作为党和国家一切工作的出发点和落脚点；始终把实现全体人民的共同富裕确定为党的事业宗旨和社会主义建设的根本目的，始终坚持根据我国国情走自己的路。中国式现代化是中国共产党通过不懈奋斗开创的独具中国特色的社会主义现代化，共同富裕是中国特色社会主义根本的价值底色。全体人民共同富裕既是作为人类社会生活的美好愿景，是对马克思主义科学建构未来社会理论的继承和创新发展，也是我国广大人民群众的共同追求，更是中国共产党通过不懈努力一致奋斗的历史实践过程。"全面贯彻新时代中国特色社会主义思想"，"全面建设社会主义现代化国家、全面推进中华民族伟大复兴"①，人民是决定性力量，要充分激发人民群众的积极性、主动性和创造性，才能不断推进改革发展稳定，不断调动一切有利于人民群众创新发展的积极因素和民族复兴的积极因素，凝聚磅礴力量，踔厉奋发，勇毅前进。

二是坚守人民至上的价值理念。"人民性是马克思主义的本质属性"，②坚持人民至上理念是党百年奋斗的宝贵经验，"人民的创造性实践是理论创新的不竭源泉"③，中国共产党团结带领全国各族人民之所以始终能走在时代前列，不断推进中国特色社会主义理论创新和实践伟业，靠的就是人民群众的力量。"一切脱离人民的理论都是苍白无力的，一切不为人民造福的理论都是没有生命力的。"④没有人民群众的拥护和支持，所有伟大建设事业将是"空中楼阁"。中国式现代化是中国共产党领导全国各族

---

① 习近平：《高举中国特色社会主义伟大旗帜　为全面建设社会主义现代化国家而团结奋斗——在中国共产党第二十次全国代表大会上的报告》，人民出版社2022年版，第1页。
② 习近平：《高举中国特色社会主义伟大旗帜　为全面建设社会主义现代化国家而团结奋斗——在中国共产党第二十次全国代表大会上的报告》，人民出版社2022年版，第19页。
③ 习近平：《高举中国特色社会主义伟大旗帜　为全面建设社会主义现代化国家而团结奋斗——在中国共产党第二十次全国代表大会上的报告》，人民出版社2022年版，第19页。
④ 习近平：《高举中国特色社会主义伟大旗帜　为全面建设社会主义现代化国家而团结奋斗——在中国共产党第二十次全国代表大会上的报告》，人民出版社2022年版，第19页。

人民根据自己国情所创造的实现中国特色社会主义现代化的强国之路①，中国式现代化建设，是在新时代的中国进行的宏伟的社会变革运动，是中国共产党带领全国全体人民集中力量，发挥人民的智慧、才能、毅力、奉献精神，进行的顽强拼搏过程。全面建成社会主义现代化强国，是我们实现第二个百年奋斗的目标，是伟大理想转化为现实，满足人民的美好生活需要，实现人民的美好愿望的过程。新时代的人民既是近代中国以往历史的继承人，也是实现中国式现代化的现实开路人。历史不断向前发展，中国式现代化受历史已形成的客观社会条件和人民主体条件的制约和规定，人生活的现实社会是人的本质力量对象化的历史产物，实践既是人的活动舞台，又是人活动的对象。而这些社会现实条件又会制约人的发展，但是，人不仅是受动的、受制约的，更是主动的、有激情的、有追求的，人可以通过自身能动性改变社会条件。人民群众作为历史发展的主体，是历史的有目的的创造活动的主体，人民群众不断创造历史。"人的认识活动使人知晓客体的本性与规律，克服了客体对人的神秘感和异己性；人的实践活动使人改造客体，设置客体，使自然界人化，从而创造出人类社会及其全部文明成果。"②人民会以主体的姿态来审视社会现实，人民群众能积极处理和解决各类现实矛盾。社会要想向前发展，理论要想成为现实，必须要由人民来实现。中国式现代化是以人民为中心的现代化，是不断实现好、维护好和发展好最广大人民的根本利益的现代化，"我们要站稳人民立场、把握人民愿望、尊重人民创造、集中人民智慧，形成为人民所喜爱、所认

---

① 王伟光：《中国特色社会主义创造"人类文明新形态"和"中国式现代化道路"》，《哲学研究》2022年第9期。
② 李秀林、李淮春、陈宴清、郭湛等：《中国现代化之哲学探讨》，人民出版社1990年版，第298页。

同、所拥有的理论，使之成为指导人民认识世界和改造世界的强大思想武器"①。以中国式现代化全面推进中华民族伟大复兴就要坚守人民至上的根本价值立场。

三是推进全体人民共同富裕。实现全体人民共同富裕是中国式现代化的必然目标。我国社会主义制度建立之初，共同富裕就作为社会主义的价值标准，成为社会主义现代化建设事业的一个现实路径和制度优势的体现。②在1953年《中共中央关于发展农业合作社的决议》中就提出了共同富裕概念，"为着进一步地提高农业生产力，党在农村中工作的最根本的任务，就是要善于用明白易懂而为农民所能接受的道理和办法去教育和促进农民群众逐步联合起来，逐步实行农业的社会主义改造，使农业能够由落后的小规模生产的个体经济变为先进的大规模生产的合作经济，以便逐步克服工业和农业这两个经济部门发展不相适应的矛盾，并使农民能够逐步完全摆脱贫困的状况而取得共同富裕和普遍繁荣的生活"③。显然，中华人民共和国成立之时就已经明白，只有凝聚力量，才能不断发展生产力，才能摆脱贫穷，摆脱国家发展的难题，破解资本主义国家设置的多重阻碍，并在此基础上实现共同富裕。对于共同富裕的清晰阐述，邓小平在1992年就提道："社会主义的本质，是解放生产力，发展生产力，消灭剥削，消除两极分化，最终达到共同富裕。"④在这里共同富裕是作为两极分化的对立面，解放生产力和发展生产力是社会主义发展的目的和手段。只有发展生产力，只有生产资料私有制和工人受剥削

---

① 习近平：《高举中国特色社会主义伟大旗帜　为全面建设社会主义现代化国家而团结奋斗——在中国共产党第二十次全国代表大会上的报告》，人民出版社2022年版，第19页。
② 程恩富、刘伟：《社会主义共同富裕的理论解读与实践剖析》，《马克思主义研究》2012年第6期。
③《建国以来重要文献选编》第4册，中央文献出版社1993年版，第661—662页。
④《邓小平文选》第3卷，人民出版社1993年版，第373页。

现象得以消灭，只有坚决遏制两极分化，社会主义才能最终实现共同富裕。"走社会主义道路，就是要逐步实现共同富裕。"①

改革开放之初，由于社会生产力发展的水平不高，邓小平针对当时国内外矛盾，提出了主要发展思路，即先富带动后富。优先发展生产力，不是一个长远的战略，但并不排斥对共同富裕的追求。随着我国社会的发展，生产力的大幅提高，国家越来越富裕，城乡差距扩大、财富两极分化，收入的不均等和机会发展的不均等，使得共同富裕问题越发凸显。马克思、恩格斯指出："过去的一切运动都是少数人的，或者为少数人谋利益的运动。无产阶级的运动是绝大多数人的，为绝大多数人谋利益的独立的运动。"②共同富裕的前提是每个人在生存发展时应当享有平等的机会，如若不然便难以实现共同富裕。马克思主义及其政党始终强调站在人民立场上，中国共产党亦是如此。

党的十八大以来，以习近平同志为核心的党中央明确提出要重视共同富裕的问题，习近平总书记深刻指出"共同富裕是社会主义的本质要求，是中国式现代化的重要特征"③，"广大人民群众共享改革发展成果，是社会主义的本质要求，是我们党坚持全心全意为人民服务根本宗旨的重要体现。我们追求的发展是造福人民的发展，我们追求的富裕是全体人民共同富裕"④。我们党团结带领全国各族人民踔厉奋发，取得了伟大的成就，实现了史所未见的伟大变革，开创了中国式现代化新道路和人类文明新形态，为全面建设社会主义现代化国家，全面推进中华民族伟大复

---

① 《邓小平文选》第3卷，人民出版社1993年版，第373页。
② 《马克思恩格斯文集》第2卷，人民出版社2009年版，第42页。
③ 《习近平谈治国理政》第4卷，外文出版社2022年版，第142页。
④ 《中共中央召开党外人士座谈会　征求对中共中央关于制定国民经济和社会发展第十三个五年规划的建议的意见》，《人民日报》2015年10月31日。

兴奠定了坚实的思想理论基础和物质技术基础。

进入新时代，以习近平同志为核心的党中央团结带领全党全国各族人民，攻克了许多长期没有解决的难题，办成了许多事关长远的大事、要事。其中最重要的大事就是脱贫攻坚，彻底解决了困扰中华民族几千年的绝对贫困问题，完成了全面建成小康社会的历史任务，实现了第一个百年奋斗目标。党的十九大明确指出，我国的主要矛盾转变为人民日益增长的美好生活需要和不平衡不充分发展的矛盾，不断解决主要矛盾就要不断推进共同富裕。中国式现代化是全体人民共同富裕的现代化，中国式现代化本旨要求之一是实现全体人民的共同富裕。中国共产党牢牢把握人民对美好生活的向往与期盼，全心全意为人民服务。在改革开放特别是新时代伟大成就的基础上，党的二十大擘画了全面建设社会主义现代化国家，全面推进中华民族伟大复兴的宏伟蓝图，并以中国式现代化不断推进全体人民共同富裕。

第二，促进物质文明与精神文明协调发展。

中国式现代化是物质文明和精神文明相协调的现代化，因为中国式现代化关注个体、群体、社会、国家、民族的精神世界，强调物质既需要富足，精神也应该富有。"人的全面发展、全体人民共同富裕取得更为明显的实质性进展"被列为到2035年我国发展的总体目标之一。在推进中国特色社会主义伟大事业的进程中，党和国家始终坚持物质文明和精神文明的协调发展，这是党和国家在中国式现代化探索中始终不变的历史追求与经验总结，是中国共产党领导全国人民接续奋斗的基本原则与重要遵循，也是当前新征程下党和国家开启第二个百年奋斗目标的行动依归。

一是物质文明和精神文明相协调彰显"人的全面发展"价值

理念。马克思认为,"全部人类历史的第一个前提无疑是有生命的个人的存在"①。一切历史都是现实的人改造自然与自身的历史,人们要生存就必须时刻进行历史生产活动以满足人的物质与精神需要,然后才能从事政治、科学、艺术、宗教等活动。"人们为了能够'创造历史',必须能够生活。但是为了生活,首先就需要吃喝住穿以及其他一些东西。因此第一个历史活动就是生产满足这些需要的资料。"②人的需要是人的生命活动的表现,是人自由全面发展的必要性基础与前提,具有丰富性与多元性,可以分为物质、精神需求两种。只要有生命实践活动的人,就有人的需要。一方面,"人的需要是以物质生活条件和精神生活条件为客观基础的"③,作为有生命个体的人,不仅依赖社会物质生活条件,还必须依赖社会精神生活条件。另一方面,"人的需要是对物质生活条件和精神生活条件的依赖及其关系的有意识的、能动的反应"④,是以人脑的意识活动为指向,带有个体性和主体性。因此,任何国家、任何民族的复兴和壮大,人民群众过上美好生活,都需要强大的物质力量,同时,也都需要强大的精神力量。

面对时代发展、世情变化,中国共产党强调坚持马克思列宁主义,立足中国国情,走中国特色社会主义现代化道路,进行了一系列社会主义建设伟大实践,迈向新时代,实现了第一个百年目标。在这一伟大成就基础上,党的二十大擘画了全面建设社会主义现代化国家,全面推进中国民族伟大复兴的宏伟蓝图。"中

---

① 《马克思恩格斯文集》第1卷,人民出版社2009年版,第519页。
② 《马克思恩格斯文集》第1卷,人民出版社2009年版,第531页。
③ 王伟光:《论人的需要和需要范畴》,《北京社会科学》1999年第2期。
④ 王伟光:《论人的需要和需要范畴》,《北京社会科学》1999年第2期。

国式现代化是物质文明和精神文明相协调的现代化。"[1]中国式现代化并不完全等同于一般性质的社会现代化，更与西方式现代化有着云泥之别。中国式现代化是物质文明和精神文明相协调的现代化。物质决定意识，意识在任何时候永远都只是被意识到了的存在。没有物质基础，精神生活无从谈起。没有坚实的物质基础作为支撑，没有强大的精神力量作为引领，就不可能全面建成社会主义现代化强国。中国式现代化的建设不只是强调物质财富的富裕，还强调精神财富的丰富多彩。物质文明是一切国家现代化的基础性条件，但单一充裕的物质财富并不完全代表人民生活趋向充盈与幸福，不仅物质要富足，精神也应该富有。

西方社会的发展重心几乎完全放在了物质财富的增长方面，并没有观照现代个体的精神生活，还使之完全处于工具理性的囹圄之中，成为"经济人""单向度的人"。中国式现代化强调个体、群体、社会、国家、民族的精神世界，在发展生产力的同时高度重视精神文明建设。我国在发展过程中除了满足人们的物质需求，也在愈来愈高的程度上满足人们的精神需求，使人脱离精神被贬抑的状态，不仅实现人的物质解放，还实现人的精神解放。因此，走中国式现代化道路才能扬弃西方抽象的"自由观"，真正地使人向具体的自由个性的状态迈进。这不仅体现了马克思主义的基本价值诉求，也突出了中国式现代化的价值旨归，以人民为中心开展工作，以人的需求的满足作为衡量标准，追求物质文明和精神文明相协调发展，最终实现人的自由全面发展。

二是物质富足、精神富有是中国式现代化的根本价值要求。党的二十大报告明确指出："物质富足、精神富有是社会主义现

---

[1] 习近平：《高举中国特色社会主义伟大旗帜　为全面建设社会主义现代化国家而团结奋斗——在中国共产党第二十次全国代表大会上的报告》，人民出版社2022年版，第22页。

代化的根本要求。物质贫困不是社会主义，精神贫乏也不是社会主义。"①全面建设社会主义现代化强国，既强调建设物质富裕的现代化，又强调建设精神富裕的现代化，只有人民的物质、精神都富裕了，社会主义现代化强国才能实现。

物质生活、精神生活都富裕是共同富裕的重要内容和基本标准。习近平总书记指出："我们说的共同富裕是全体人民共同富裕，是人民群众物质生活和精神生活都富裕。"②中国特色社会主义制度优势之所以十分鲜明，是因为中国共产党始终为绝大多数人谋利益，为全人类谋幸福，始终坚持人民的立场，对于共同富裕的追求根深蒂固，一以贯之。共同富裕是中国式现代化的基本特征和本质要求，我们不能只是以物质水平的发展程度作为衡量共同富裕的唯一标准，还要注重精神生活的发展以及精神的发展对实现共同富裕的作用，这也是我国实现强国目标的基本要求。

物质生活的发展是精神生活发展的前提和基础，精神生活的发展反过来影响物质生活的发展。马克思指出："物质生活的生产方式制约着整个社会生活、政治生活和精神生活的过程。"③生产力的发展程度在历史发展中起决定性、第一性作用。一直以来，我国以经济建设为中心，大力推进生产力的发展，人民物质生活水平得到了显著提升。马克思认为："如果这个人的生活条件使他只能牺牲一些特性而单方面地发展某一种特性，如果生活条件只提供给他这一特性的材料和时间，那么这就不能超出单方面的、畸形的发展。"④这表明，人的肉体与精神、人的自然属性

---

① 习近平：《高举中国特色社会主义伟大旗帜　为全面建设社会主义现代化国家而团结奋斗——在中国共产党第二十次全国代表大会上的报告》，人民出版社2022年版，第22—23页。
② 习近平：《扎实推动共同富裕》，《求是》2021年第20期。
③ 《马克思恩格斯文集》第2卷，人民出版社2009年版，第591页。
④ 《马克思恩格斯全集》第3卷，人民出版社2002年版，第295—296页。

与社会属性要协调发展。根据唯物史观的基本原理,理论既来自于实践,又高于实践,理论与实践具有不同步性。人的精神世界具有其自身独特的发展规律,人们的精神世界的变化往往与其物质世界的发展变化具有不同步性、与社会的发展之间具有不平衡性。比如,城乡物质发展较以前迅速,人们向往、追求更好的物质生活水平。但是,目前城乡、区域间的精神文化生活及文化感知仍存在不平衡、不充分发展的情况,文化产品、文化作品也需要进一步地丰富与不断发展。精神的独立性表明,在实现现代化进程中,如果忽视了精神文明的建设,就会导致人的精神世界无所依托,间接地会影响物质文明的建设。马斯洛的需求理论认为,当人们满足生理、安全等低级需求时,就会追求自我实现、信仰等高级追求。只有物质条件得到一定程度的发展,人们对精神生活的追求才得以日益显现。人的需求有时是不以人的意志为转移的,当物质条件水平达到一定程度时,必然要求我们同步协调发展精神文明。

我国步入新时代,社会生产力、科学技术水平、综合国力、国际影响力等都得到了极大提升。如果只注重发展物质生活水平,而忽略个体、社会、国家精神世界的建设,那么中国当代社会的现代性势必会因精神文明的缺失与文化伦理出现悖反,从而影响个体生活精神世界的构筑、社会文化秩序的建立和国家民族文化共同体的凝聚;势必会导致相对独立性的上层建筑失序,影响经济基础的稳定性,甚至进而影响物质生活、经济生活的健康发展。因此,进一步推动中国社会实现跨越式发展、实现第二个百年奋斗目标,必定要加强构建和发展精神生活,构筑个体、社会、国家乃至整个民族的精神文明。物质富足、精神富有是中国式现代化的根本要求,任何一方的偏离或是偏废都无法达到真正的共同富裕。为此，我们要正确处理好两者的关系。一方面，要看到两者各自发挥着重要作用，我们不能将两者简单等同或者当作互相割裂的两个阶段；另一方面，以协调、协同的角度看待两者，使彼此达到相互促进、相互包含的良性状态。只有实现物质文明建设和精神文明建设两者的辩证统一，才能增强社会主义现代化建设的协调性，也才能将共同富裕的道路顺利向前推进。

三是物质文明与精神文明协调发展是推进中国式现代化的经验总结。中国共产党在中国式现代化探索过程中，始终坚持以马克思主义理论为指导，将马克思主义基本原理同中华优秀传统文化相结合，将马克思主义基本原理同中国具体实际相结合。基于社会主义基本制度、社会主义基本经济制度，中国共产党始终坚持以人民为中心的价值取向，始终将解放生产力、发展生产力和提高人民生活水平、追求人民美好生活、共同富裕及人的自由全面发展紧密联系起来，使中国式现代化摆脱了资本逻辑的宰制，从根本上区别西方式现代化，形成了物质文明和精神文明协调发展的中国式现代化理论。

早在新民主主义革命时期，毛泽东就指出："改造客观世界，也改造自己的主观世界——改造自己的认识能力，改造主观世界同客观世界的关系。"[1]他指明了中国共产党的任务不仅包括改造客观世界，还包括对主观世界的改造。新中国成立之后，毛泽东提出要进行大规模的经济和文化建设，提出社会主义建设的现代化目标。改革开放以来，中国共产党持续重视物质文明和精神文明的协调建设与发展，邓小平提出"两手抓，两手都要硬"方针，既要抓物质文明，又要抓精神文明，始终坚持加强精神文明建设，促进"四个全面"战略布局的系统性、协调性发展。江泽民

---

[1]《毛泽东选集》第1卷，人民出版社1991年版，第296页。

提出："社会主义现代化建设事业是物质文明和精神文明协调发展、相辅相成的事业，缺少任何一个方面，都不成其为有中国特色的社会主义。"①胡锦涛也指出："必须把发展社会生产力同提高全民族文明素质结合起来，推动物质文明和精神文明协调发展，更加自觉、更加主动地推动文化大发展大繁荣。"②党的十八大以来，以习近平同志为核心的党中央汲取历史经验，根据当前党情、国情、世情的深刻变化，在新时代不断推进"两个协调"，并将物质文明和精神文明协调发展作为中国式现代化的重要特征和本质要求。习近平总书记指出："全国各族人民物质生活和精神生活都改善，中国特色社会主义事业才能顺利向前推进。"③这不仅是党一直以来对马克思主义人的全面发展理论的遵循，而且还是推进国家共同富裕的战略目标。

在推进中国特色社会主义伟大事业的进程中，党和国家始终坚持物质文明和精神文明的协调发展，这是党和国家在中国式现代化探索过程中，始终不变的历史追求与经验总结，是中国共产党领导全国各族人民共同奋斗的基本原则与重要遵循，也是当前新征程下党和国家开启的第二个百年奋斗目标的重要体现。物质文明与精神文明协调发展是以中国式现代化推进中华民族伟大复兴中国梦的重要脊柱，需要我们接续坚持，踔厉奋发，笃行不怠。

第三，不断推进人与自然和谐共生。

中国式现代化是人与自然和谐共生的现代化，是发展经济与优化生态相统一的现代化，是代内公平与代际公平相统一的现代

---

① 《江泽民文选》第1卷，人民出版社2006年版，第571页。
② 《胡锦涛文选》第3卷，人民出版社2016年版，第163页。
③ 《习近平关于全面建成小康社会论述摘编》，中央文献出版社2016年版，第103页。

化，是实现民族复兴和构建和谐世界"生命共同体"的现代化，展现了人类文明新形态。人与自然和谐共生的现代化是中国式现代化的重要内涵与本质特征，促进人与自然和谐共生是中国式现代化的本质要求。中国式现代化蕴含的价值观秉持"生命共同体"价值理念，区别于西方式现代化将自然作为被人类所征服的对象，西方现代化更多体现在"控制自然""掠夺自然""破坏自然"、无止境"利用自然"。人与自然和谐共生的中国式现代化，主张建立环境与发展之间相互促进的关系，并以可持续发展目标不断推动中国式现代化进程。

一是人与自然和谐共生是中国式现代化的重要特征与本质要求。在党的二十大报告中，习近平总书记指出，"中国式现代化是人与自然和谐共生的现代化"①，这一重要论断是中国共产党对党执政规律、社会主义建设规律、人类社会发展规律的积极探索和科学认识。首先，人与自然和谐共生的现代化是发展经济与优化生态相统一的现代化，因为人与自然和谐共生根植于中华优秀传统文化。中国式现代化之所以是植根于中国优秀传统文化的现代化，是因为在现代化的过程中，中华传统文明与现代文明深度融合。儒家主张"天人合一"，从孔子的"天何言哉？四时行焉，百物生焉"，到孟子"不为农时，谷不可胜食也；数罟不入洿池，鱼鳖不可胜食也；斧斤以时入山林，树木不可胜用也"。从中体现出儒家敬畏自然、顺应自然的生态理念。道家提倡"道法自然"，从老子的"人法地，地法天，天法道，道法自然"，到庄子的"天地与我并生，而万物与我为一"，从中体现出道家人与自然和谐统一的价值追求。新中国成立以来特别是改革开放以

---

① 习近平：《高举中国特色社会主义伟大旗帜　为全面建设社会主义现代化国家而团结奋斗——在中国共产党第二十次全国代表大会上的报告》，人民出版社2022年版，第23页。

来，我国经济发展取得了历史性成就，但也遗留了大量的生态环境问题。面对生态环境现实问题，中国共产党不断强调社会主义的生态文明建设，坚定不移走生态优先、绿色发展之路，推进绿色低碳循环发展体系建设，促使经济社会发展全面绿色转型，实现经济高质量发展和环境高水平保护的统一。

其次，人与自然和谐共生的现代化是代内公平与代际公平相统一的现代化，因为人与自然和谐共生是人民的期待。人与自然和谐共生之所以是人民的美好期待，在于人与自然和谐共生的"天人合一"的思想影响了中华文明几千年，深深烙印在中国人心中。人民期盼天更蓝，水更清，山更绿。良好的生态环境是最公平的公共产品，是最普惠的民生福祉。建设美丽中国，秉承生态惠民、生态利民、生态为民，为广大人民提供更多更优质的生态产品，不断满足人民日益增长的优美生态环境的需要。

再次，人与自然和谐共生的现代化是实现民族复兴和构建世界"生命共同体"的现代化，展现了人类文明新形态。"生态文明建设关乎人类未来，建设绿色家园是人类的共同梦想，保护生态环境、应对气候变化需要世界各国同舟共济、共同努力，任何一国都无法置身事外、独善其身。"[①]中国共产党不仅为中国人民谋幸福、为中华民族谋复兴，而且为全人类谋进步、为世界谋大同。以习近平同志为核心的党中央明确提出，决不重复人与自然对立的发展模式，决不走西方现代化先污染后治理的老路，而要走出一条人与自然"生命共同体"之路，在尊重自然、顺应自然、保护自然中创造更多物质财富和精神财富以满足人民日益增长的美好生活需要，提供更多优质生态产品，满足人民日益增长的优美生态环境需要的中国式现代化道路。

---

① 《习近平谈治国理政》第3卷，外文出版社2020年版，第364页。

中国提出人与自然和谐共生的现代化模式，是对西方式传统现代化模式的反思与超越，为那些既希望加快经济社会发展而又不希望走西方传统"破坏—治理"老路的国家和民族提供了中国智慧和全新的中国方案。促进人与自然和谐共生是中国式现代化的本质要求。党的十八大以来，党中央作出了一系列重大的战略部署，加强了全党对生态文明建设的全面领导，把生态文明建设摆在了全局工作更加突出的位置。习近平总书记指出："我国建设社会主义现代化具有许多重要特征，其中之一就是我国现代化是人与自然和谐共生的现代化，注重同步推进物质文明建设和生态文明建设。"[①]"大自然是人类赖以生存发展的基本条件。尊重自然、顺应自然、保护自然，是全面建设社会主义现代化国家的内在要求。"[②]我们要坚定不移地走"生产发展、生活富裕、生态良好"的文明发展道路，继续在人与自然和谐共生的基础上同步实现中国式现代化，开创人类文明新形态。

二是中国式现代化秉持"生命共同体"价值理念。党和国家实现了观念和实践的变革，把人与自然的和谐共生关系上升到新的高度，把"创新、协调、绿色、开放、共享"作为中国特色社会主义发展的新理念，把"生产发展、生活富裕、生态良好"的发展之路概括为中国式现代化文明发展新道路。人与自然和谐共生之所以是中国式现代化的重要特征和本质要求，是因为它区别于西方式现代化人与自然关系的思想。西方式现代化把自然作为被征服的对象，为了满足自身需要，不断寻求有利于自身快速发展的一切资源，以牺牲、破坏自然为前提创造巨大物质财富获得

---

① 习近平：《努力建设人与自然和谐共生的现代化》，《求是》2022年第11期。
② 习近平：《高举中国特色社会主义伟大旗帜 为全面建设社会主义现代化国家而团结奋斗——在中国共产党第二十次全国代表大会上的报告》，人民出版社2022年版，第49—50页。

巨额利润。在西方式现代化中，自然成为了人的"附庸"，人是自然的主宰者。"人与自然是生命共同体，无止境地向自然索取甚至破坏自然必然会遭到大自然的报复。"①

自第一次工业革命以来，生产力、科学技术的飞速发展所带来的自然资源匮乏、环境严重污染、全球气候恶化等自然生态问题愈发恶劣，成为了当今发展亟需解决的全球性难题。恩格斯曾提出："我们对自然界的整个支配作用，就在于我们比其他一切生物强，能够认识和正确运用自然规律。"②中国式现代化提出了人与自然和谐共生的理念，秉承"生命共同体"价值理念，继承了遵循自然规律的基本原则。人与自然相互依存、相互影响，"自然是生命之母，人与自然是生命共同体，人类必须敬畏自然、尊重自然、顺应自然、保护自然"③。没有正确的生态观念的指引，生态文明建设难以成功。只有平衡了人与自然的关系，像保护眼睛一样保护自然和生态环境，才能更好地守护人类的健康。中国式现代化蕴含的价值观秉持"生命共同体"价值理念，强调人与自然是生命共同体，继承和发展了马克思主义自然价值观，扬弃了西方式现代化的人与自然的关系思想，逐步解决西方式现代化解决不了的诸多生态问题，为实现中华民族的永续发展提供了价值遵循。

---

① 习近平：《高举中国特色社会主义伟大旗帜　为全面建设社会主义现代化国家而团结奋斗——在中国共产党第二十次全国代表大会上的报告》，人民出版社2022年版，第23页。
② 《马克思恩格斯全集》第26卷，人民出版社2014年版，第169页。
③ 《习近平在纪念马克思诞辰200周年大会上的讲话》，《人民日报》2018年5月5日。

二、推动人类进步发展

中国式现代化以人民为中心、人民至上的独特价值观，明显区别于西方式现代化以资本为中心、资本至上的价值观。深入系统研究中国式现代化的独特价值观，在拓展发展中国家走向现代化途径、推进世界社会主义发展、为创造人类新文明作新贡献等推动人类进步发展的方面，无疑具有极其重要的意义。

（一）拓展发展中国家走向现代化的途径

中国式现代化蕴含的价值观，拓展了发展中国家走向现代化的途径，具体表现为：

第一，激发了发展中国家走独立自主现代化的信心。

现代化发轫于西欧，西欧国家通过殖民扩张走向全世界，形成了以资本主义国家为主导的现代世界体系。美国学者沃勒斯坦提出了著名的"现代世界体系"理论，他在研究了现代资本主义体系的扩张之后，把世界体系划分为核心区、边缘区和半边缘区，认为核心区早期对边缘区和半边缘区国家进行殖民扩张和掠夺，后期则凭借帝国主义的不平等方式使非西方国家形成对其政治经济的依附关系。沃勒斯坦认为，在现代资本主义世界体系下，发展中国家很难摆脱这种依附性关系。实践表明，发展中国家尤其是拉美国家在不断努力探索实现现代化的新路径，但由于西方的干扰、阻碍和其自身的原因，拉美至今没有取得成功。

对于广大发展中国家是否必然要走西方的道路这个问题，马克思曾经进行了深入思考。马克思并不认为现代社会的唯一路径就是资本主义社会，他在晚年提出了经典的其他国家是否可以跨越资本主义现代性的"卡夫丁峡谷"直接抵达社会主义彼岸的问题。列宁在此基础上破除了第二国际理论家们"经济唯物主义"的思想，发动了十月革命，打破了资本主义现代化一统天下的格局，开辟了现代性的社会主义道路。然而苏联的社会主义实践由于没有始终坚持马克思主义而亡党，因而使得不同于西方资本主义现代化道路的探索陷入了困境。中国共产党成立后，以人民幸福和中华民族的伟大复兴为己任，探索中国式现代化道路，在探索中不断取得巨大成就，解答了发展中国家走现代化道路的诸多问题。中国倡导的平等互利、合作共赢、文化交流的新型国际合作关系，是对人类社会现代化模式的丰富和发展。中国式现代化向全世界证明，经济文化相对落后的国家完全可以从本国的实际出发独立自主地走向现代化。中国式现代化，打破了"现代化=西方化"的迷思，向世界展现了现代化的不同图景，使得发展中国家可以摆脱依附性发展，走出独立自主的现代化道路。

中国式现代化，是中国共产党领导的社会主义现代化，既有各国现代化的共同特征，更有反映自己国情的鲜明特色。中国式现代化是不同于西方现代化的发展模式，党的二十大报告对中国式现代化的本质特征进行了高度概括：中国式现代化是人口规模巨大的现代化，是全体人民共同富裕的现代化，是物质文明和精神文明相协调的现代化，是人与自然和谐共生的现代化，是走和平发展道路的现代化。

中国式现代化是人口规模巨大的现代化，是独立自主的现代化。我国十四亿多人口整体迈进现代化社会，规模将超过现有发达国家人口的总和，艰巨性和复杂性前所未有，发展途径和推进方式也必然具有自己的特点。因此，我国始终从国情出发想问题、办事情，既不好高骛远，也不因循守旧，保持稳中求进、循序渐进和持续推进的发展方式。

中国式现代化是全体人民共同富裕的现代化。共同富裕是中国特色社会主义的本质要求，也是一个长期的历史过程。我们坚持把实现人民对美好生活的向往作为现代化建设的出发点和落脚点，着力维护和促进社会公平正义，着力促进全体人民共同富裕，坚决防止两极分化。

中国式现代化是物质文明和精神文明相协调的现代化。物质富足、精神富有是社会主义现代化的根本要求。物质贫穷和精神贫乏都不是社会主义。我国不断加强现代化的物质基础，并夯实人民幸福生活的物质条件，同时大力发展社会主义先进文化，加强理想信念教育，用先进的理论来武装人民的头脑，促进物的全面丰富和人的全面发展。

中国式现代化是人与自然和谐共生的现代化。人与自然是生命共同体，无止境地向自然索取甚至破坏自然必然会遭到大自然的报复。我国坚持可持续发展，坚持节约优先、保护优先、自然恢复为主的方针，珍惜当前的自然和生态环境，坚定不移走生产发展、生活富裕、生态良好的文明发展道路，不断推进中华民族永续发展。

中国式现代化是走和平发展道路的现代化。我国不走一些西方国家通过殖民、侵略、扩张等方式实现现代化的老路，西方现代化那种损人利己、充满血腥罪恶的道路曾经给广大发展中国家人民带来深重苦难。我们坚定站在历史正确的一边、站在人类文明进步的一边，高举和平、发展、合作、共赢旗帜，在坚定维护世界和平与发展中谋求自身发展，又以自身发展更好维护世界和平与发展。

发展中国家现代化的实践告诉我们，走依附式现代化道路，将永远摆脱不了被压迫被剥削的困境。发展中国家的现代化是一个后发国家赶超先进发达国家的过程，既受到西方现代化的引领，又受到西方的压迫和剥削。要根据自己的国情，走独立自主的现代化道路。每个国家都有自身独特的基本国情，决定了必然要走适合自己特点的发展道路。中国在与西方现代化互动的过程中，经历了艰苦卓绝的奋斗历程，在中国共产党的领导下，中国式现代化坚持对外开放和独立自主，对资本主义现代化进行了扬弃，探索出了一条中国式现代化道路。中国式现代化蕴含的价值观使得自身摆脱依附性发展，走独立自主道路的模式，这对发展中国家现代化具有重要的借鉴意义。

第二，打开了发展中国家走向现代化的思路。

随着全球经济和政治格局的变化，发展中国家面临着加快现代化进程、提升国家实力、增强国际影响力、应对全球性挑战的重要任务。然而，在走向现代化的过程中，发展中国家面临着诸多挑战，其中之一就是"后发劣势"，即由于缺乏先发经验，发展中国家在走向现代化的过程中会遭遇很多困难，甚至有可能会陷入危机之中。在这个过程中，中国式现代化蕴含的价值观提供了一种独特的思路和实践方法，为发展中国家走向现代化提供了有益的启示和借鉴，将"后发劣势"转化为"后发优势"，打开了发展中国家走向现代化的思路。

中国式现代化蕴含的价值观的核心是以人民为中心。"以人民为中心"的价值观念在中国式现代化价值观中具有重要的地位，它不仅是中国式现代化价值观的核心，也是中国特色社会主义的重要理论基础，是中国式现代化建设的出发点和落脚点。"以人民为中心"强调政府和社会应该将人民的利益和需求放在首位，强调发展为了人民、依靠人民，发展成果与人民共享。具体来说，政府和社会在各种决策和行动中，应该为全体人民的利益和幸福而努力，而不是只关注少数人的利益和福祉，应该以人民群众的利益为出发点和落脚点，充分考虑人民群众的需要和利益，保障人民群众的基本权利和自由，促进人民群众的全面发展和共同富裕。

在发展中国家，由于历史、文化传统等因素的限制，很多国家和地区社会分配不公、贫富差距加大等问题较为普遍。如果国家的发展只注重少数人的利益，而忽视了人民的利益，就容易导致社会动荡，影响国家的稳定性和可持续发展。中国式现代化价值观的实践，强调以人为本、人民至上的理念，强调了国家必须尊重人民的利益和权益，实现社会的公平正义，才能赢得人民的信任和支持，从而实现国家的现代化建设，这也为发展中国家提供了有益的借鉴和启示。发展中国家在走向现代化的过程中应该始终关注并充分考虑人民的需要和利益，关注民生问题，通过推进经济和社会的发展，推进社会福利保障和公共服务均等化，提高人民的福利和生活水平，让人民在现代化进程中有更多的获得感和幸福感。这不仅能够增强人民的凝聚力和向心力，更能进一步推动国家的发展和进步。

中国式现代化价值观强调弘扬全人类共同价值。这种共同价值包括但不限于和平、发展、公平、正义、民主、自由等。在中国式现代化价值观的视野中，这些价值不仅是发达国家人民所希望的，更是全人类共同的价值追求。具体来说，中国式现代化价值观中的人类命运共同体理念，呼吁各国之间通过合作实现共同发展。例如，在气候变化问题上，中国提出了"绿色发展"理念，鼓励各国之间相互学习、分享经验，共同应对气候变化等全球性问题。这种合作方式不仅可以促进发展中国家之间的共同发展，也可以促进发展中国家与发达国家之间的合作，进一步提高各发展中国家的现代化水平。

发展中国家之间存在着巨大的贫富差距和文化差异，这使得这些国家在走向现代化的过程中面临着诸多挑战。如果只关注本国的利益，很难实现共同的发展。中国式现代化价值观提出的"人类命运共同体"理念，呼吁各国携手同行，共同推进经济全球化发展进程，实现全人类共同发展。这一理念为发展中国家提供了一种全新的国家外交理念，也为它们在实现现代化的过程中提供了更多的外交资源和支持。发展中国家在走向现代化的过程中应该弘扬全人类共同价值，积极参与国际事务和全球治理，推进多边主义和国际关系民主化，建立更加平等和互利的国际关系。

中国式现代化价值观强调社会主义核心价值观。这种核心价值观是在中国共产党领导下，在特定历史时期和社会条件下形成的、代表着中国社会先进文化的、被广大中国人民普遍认同的基本价值观念。它是国家软实力的重要组成部分，代表着中国的发展方向和精神面貌，包括爱国主义、集体主义、社会公德、诚信意识、友善意识、敬业意识等，旨在构建和谐、繁荣、稳定的社会。通过大力推广和传播这些价值观念，可以增强国家的文化软实力，让人们更加了解和尊重中国，提升中国在国际上的影响力和吸引力。

大多发展中国家的国家软实力不强，在国际舞台上的影响力和吸引力较小，其文化、价值观、话语等难以在国际上得到广泛传播和接受。发展中国家在走向现代化的过程中，应该注重国家软实力和国际影响力的提升，加强国家形象塑造，提高国家文化自信，推进文化产业发展，为全球文明进步作出积极贡献。软实力是指国家通过各种非军事手段来吸引和影响他国，使其对自己的国家形象和价值观产生认同感，从而增强国家在国际事务中的话语权和影响力。而国际影响力则是指国家在国际事务中的影响力和地位，包括政治、经济、文化等方面。

总之，在经济全球化的背景下，中国式现代化蕴含的价值观及其实践，为发展中国家提供了与经济全球化进程相融合的思路，使发展中国家可以将"后发劣势"转化为"后发优势"，最终实现现代化目标。

第三，为发展中国家现代化提供了新选择和新智慧。

"中国式现代化是走和平发展道路的现代化。我国不走一些国家通过战争、殖民、掠夺等方式实现现代化的老路，那种损人利己、充满血腥罪恶的老路给广大发展中国家人民带来深重苦难。我们坚定站在历史正确的一边、站在人类文明进步的一边，高举和平、发展、合作、共赢旗帜，在坚定维护世界和平与发展中谋求自身发展，又以自身发展更好维护世界和平与发展。"①中国式现代化是以"和平、共赢"超越"殖民、掠夺"的现代化，为广大发展中国家的发展提供了中国方案和中国智慧。

中国式现代化之所以不同于西方式现代化，是因为从工业革命开始，西方现代化发展过程就伴随着经济掠夺、政治控制和文化渗透等行径。而中国在推动现代化进程中，始终践行和平主义，"弘扬和平、发展、公平、正义、民主、自由的全人类共同价值"②，推动各国和平共处、共同发展。在现代化进程中，中国始终坚持维护世界和平、促进共同发展的外交政策宗旨，致力

---

① 习近平：《高举中国特色社会主义伟大旗帜　为全面建设社会主义现代化国家而团结奋斗——在中国共产党第二十次全国代表大会上的报告》，人民出版社2022年版，第23页。
② 习近平：《在庆祝中国共产党成立100周年大会上的讲话》，《人民日报》2021年7月2日。

于推动构建人类命运共同体。改革开放和社会主义现代化建设新时期，中国坚持和平和发展的时代主题，在经济实力方面实现了巨大的提升，为世界的发展作出了自身的贡献，创造了和平的发展环境，实现了中国发展并为世界发展作贡献的共赢。党的十八大以来，以习近平同志为核心的党中央，进一步深化对外开放，面对世界百年未有之大变局，提出人类命运共同体并受到广泛认同，进一步扩大了中国的国际影响力。以"一带一路"合作倡议为例，这是中国为全球提供的一个重要公共产品，自2013年提出以来已吸引149个国家和32个国际组织参与。截至2022年8月底，中国与沿线国家货物贸易额累计约12万亿美元，对沿线国家非金融类直接投资超过1400亿美元，中老铁路、雅万高铁等一大批务实合作项目纷纷落地，给沿线国家经济发展与民生改善作出了实实在在的贡献。据世界银行预计，到2030年共建"一带一路"有望使相关国家760万人摆脱极端贫困、3200万人摆脱中度贫困。联合国秘书长古特雷斯评价说，中国已经成为"促进世界和平与发展不可或缺、值得信赖的重要力量"。新中国成立70多年的历史证明，中国的发展离不开世界和平与发展的主题，世界的和平与发展需要中国力量的维护，中国与世界其他国家是密不可分的整体，是彼此紧密联系的命运共同体。中国式现代化不仅注重自身发展，而且笃实践行了世界和平"建设者"、国际秩序"维护者"、全球发展"贡献者"的责任担当，为构建人类命运共同体提供了力量支撑。

中国开辟了和平发展与合作共赢的现代化，是对西方"国强必霸""修昔底德陷阱"等经典传统国际政治世界观的颠覆。贫困是人类发展最大的敌人，消灭贫困是全人类的共同使命。中国是一个世界人口大国，党的十八大以来，党中央把脱贫攻坚摆在治国理政的突出位置,把脱贫攻坚作为全面建成小康社会的底线任务。经过全党全国各族人民的不断努力,在中华大地上全面建成了小康社会,历史性地解决了绝对贫困问题。这在中国历史发展的长河中具有里程碑式的意义,同时也为全球的减贫事业作出了中国贡献,尤其是中国只用了短短几十年的时间就实现了脱贫目标,在人类历史上为消除贫困提供了成功案例,使人类消除贫困的理想和目标具有了现实性,也为完成《联合国2030年可持续发展议程》的减贫目标提供了成功的经验、可鉴的方案、有效的机制、现实的道路,使人类消除贫困的努力由理想变为现实、由理论变为具有现实可能性的实践。新冠疫情以来,世界经济在一系列挑战中艰难前行,全球通胀趋势持续上升,逆全球化浪潮只增不减,世界局势动荡不安。面对严峻复杂多变的国际环境,中国各项政策稳字当头,经济依然保持了稳健的增长步调。同时,中国也以负责任大国的形象,用实际的行动努力稳定全球经济。一方面,为让中国市场成为"世界的市场、共享的市场、大家的市场"①,中国持续深化双多边合作机制,推动区域合作和共同发展,拉紧全球互联互通纽带,推进高标准市场体系建设。中国坚持发展更高层次的开放型经济,推动形成全面开放新格局,为各国提供更多市场机遇、投资机遇、增长机遇。另一方面,当全球性威胁日益紧迫、国际社会呼唤更紧密多边合作之时,中国坚定地走在多边主义的正道上,为推动世界经济在团结协作中实现复苏发挥了积极作用。中国同112个世贸组织成员共同联署《投资便利化联合声明》,率先批准《区域全面经济伙伴关系协定》。2021年9月21日,在第76届联合国大会一般性辩论

---

① 杨啸林:《中国奋力支撑全球复苏——"2021·疫情中的世界经济"系列述评之一》,《经济日报》2021年12月20日。

上，习近平总书记指出不同的现代化文明可以在和平与发展的世界中和谐共生、并行不悖，他强调："一个和平发展的世界应该承载不同形态的文明，必须兼容走向现代化的多样道路。"①中国式现代化将为世界现代化发展提供和平发展的现代化道路新选择。

中国式现代化蕴含的价值观表明，现代化并非只有西方这一条道路。现代化是人类发展进步的必然趋势，但通向现代化的道路是多样的，需要各国人民从本国实际出发自主探索。中国式现代化的经验和成就，为广大发展中国家走向现代化提供了有益借鉴和启示，开创了人类文明新形态。

（二）推进世界社会主义发展

中国式现代化推进了世界社会主义发展，具体表现为：

第一，中国发展成就终结了"历史终结论"。

在20世纪末，美国政治学家弗朗西斯·福山提出了"历史终结论"，认为西方自由民主制度已经成为全球政治发展的最终形式，人类历史的发展已经到达了终点。这种观点认为，西方的价值观已经成为全球普遍接受的标准，其他国家只能跟随西方的脚步，否则就会被淘汰。然而，中国的崛起和发展，有力打破了这一观点。中国的发展不仅是经济上的成功，更是在价值观念上的创新和突破。中国式现代化蕴含的发展价值观打破了"历史终结论"，为其他国家提供了一种新的选择。

中国式现代化蕴含的价值观是在长期的历史演变中形成的，具有深厚的文化底蕴。中国的传统价值观主要包括儒家思想、道家思想和佛教思想。儒家思想强调仁爱、礼仪、忠诚、孝道等，

---

① 《习近平谈治国理政》第4卷，外文出版社2022年版，第469—470页。

是中国传统文化的核心。道家思想强调自然、无为而治、道法自然等，是中国传统文化的另一重要组成部分。佛教思想强调慈悲、舍己为人、涅槃等，对中国传统文化也产生了深远的影响。在改革开放的进程中，中国式现代化蕴含的价值观是马克思主义价值观同中国具体实际相结合、同中华优秀传统文化相结合的成果。中国式现代化既注重个人的自由和权利，又强调市场经济和法治建设。中国式现代化蕴含的价值观是对西方自由主义和民主主义价值观的超越。中国式现代化蕴含的价值观，并没有放弃中华优秀传统文化的价值观念，而是在传统和现代之间寻求平衡。中国的价值观强调社会稳定与和谐，注重家庭、社区和国家的利益，强调集体主义和责任感。这种价值观念的形成，为中国的发展提供了重要的支撑。

中国式现代化蕴含的发展价值观强调了国家利益和人民利益的重要性。中国的发展模式是以国家利益为中心的，这与西方的自由市场经济模式有所不同。中国的政府在经济发展中起到了重要的作用，通过制定规划和政策来引导经济发展。这种发展模式的成功实践经验表明，国家利益和人民利益是经济发展的重要因素，同时也表明了西方自由市场经济并不是唯一的选择，其他国家可以根据自己的国情和发展需要选择适合自己的发展模式。

中国式现代化蕴含的发展价值观还强调了文化自信和文化多样性的重要性。中国的文化自信是中国和平发展的重要因素之一。中国的文化自信不仅表现在中国的文化传统和文化遗产上，还表现在中国的现代文化和科技创新上。中国的文化自信使中国能够在全球范围内发挥更大的影响力，同时也为其他国家提供了一种新的选择和智慧。中国的文化多样性也是中国发展的重要因素之一。中国拥有丰富的文化资源和多元的文化传统，这为中国的发展提供了丰富的资源和动力。中国的文化多样性也为其他国家提供了一种新的选择，让其他国家了解到文化多样性的重要性。

中国式现代化蕴含的发展价值观还强调了合作和共赢的重要性。中国的发展模式是以合作和共赢为基础的。中国积极参与经济全球化进程，与其他国家开展合作，共同推动全球经济发展。中国的发展模式表明，合作和共赢是实现经济发展的重要因素，这种发展模式也为其他国家提供了一种新的选择，让其他国家了解到合作和共赢的重要性。

总之，中国式现代化蕴含的发展价值观打破了"历史终结论"，为其他国家提供了一种新的有益选择。中国的发展价值观强调了国家利益和人民利益的重要性，文化自信和文化多样性的重要性，以及合作和共赢的重要性。这些价值观的成功表明，西方自由市场经济并不是唯一的选择，其他国家可以根据自己的国情和发展需要选择适合自己的发展模式。

第二，彰显了社会主义制度的优势。

现代化发端于西方资本主义国家，但随着中国式现代化进程的推进，世界现代化将呈现出资本主义与社会主义对峙的局面，中国式现代化发挥了科学社会主义的普遍优势，也彰显了中国特色社会主义制度的独特优势。中国式现代化，不是西方资本主义现代化的翻版，也不是东方从属于西方的现代化，而是具有中国特色的现代化，是在马克思主义思想的指导下建设的社会主义现代化，是不断推动物质文明、政治文明、精神文明、社会文明和生态文明协调发展的现代化，是促进全体人民共同富裕的现代化，中国式现代化将不断推进中华民族的伟大复兴。中国式现代化具有鲜明的价值取向，即坚持以人民为中心、坚持全人类共同价值和中国特色社会主义核心价值观，走出了现代化发展的新道路，创造了人类文明的新形态。

中国共产党人践行社会主义的核心价值观，带领中国人民办成了许多大事难事，创造了许多奇迹。中国式现代化向世界证明，通往现代化的道路，绝不只有西方式现代化这一条路径，各个国家都可以依据自身的发展情况走出自己的路。"只有社会主义才能救中国，只有社会主义才能发展中国"，中国式现代化牢牢抓住社会主义的方向，走出了属于自己的路。习近平总书记指出，"我们党深刻认识到，实现中华民族伟大复兴，必须建立符合我国实际的先进社会制度"①。从党的百年历史来看，我国的现代化经过一步步探索，创造了许多奇迹。建国以来，中国共产党带领全国各族人民进行了社会主义革命，确立了社会主义制度，实行"一化三改"，建设并巩固社会主义的成果，为中国后来的发展奠定了良好的物质和制度基础。改革开放是中国历史上一次伟大而深刻的革命，我们党确立了在社会主义初级阶段的基本路线，确立了公有制为主体、多种所有制经济共同发展的基本经济制度，实现了从封闭半封闭状态到全面开放的变化，为中国特色社会主义制度充分发展提供了源源不断的活力。党的十八大以来，以习近平同志为核心的党中央面对不断发展变化的国内外形势，回答了新时代我国应该"坚持和发展什么样的中国特色社会主义、怎样坚持和发展中国特色社会主义，建设什么样的社会主义现代化强国、怎样建设社会主义现代化强国，建设什么样的长期执政的马克思主义政党、怎样建设长期执政的马克思主义政党"等重大时代命题，形成了习近平新时代中国特色社会主义思

---

① 习近平：《决胜全面建成小康社会　夺取新时代中国特色社会主义伟大胜利——在中国共产党第十九次全国代表大会上的报告》，人民出版社2017年版，第14页。

想，进一步促进了党和国家事业的发展，为全面建成社会主义现代化强国和实现中华民族伟大复兴奠定了更坚固的物质基础和更主动的历史精神。因此，中国式现代化，是鲜明地坚持中国特色社会主义的现代化，是发挥中国特色社会主义制度优势的现代化。

中国共产党践行社会主义的核心价值观，也推动了物质文明、政治文明、精神文明、社会文明、生态文明的协调发展。在社会主义建设时期，中国共产党带领全国各族人民进行社会主义革命和社会主义建设，完成了从经济落后、人口众多的国家向经济增长、不断发展的社会主义社会的伟大飞跃，完成了从站起来到富起来的转变。在改革开放和社会主义现代化建设时期，中国共产党带领人民完成了从生产力水平相对不足的状况到经济总量达到世界第二的跨越式发展，实现了人民生活从满足温饱到总体小康再到全面小康的历史性跨越。在中国特色社会主义进入新时代的发展过程中，习近平总书记指出，"我们实现了第一个百年奋斗目标，在中华大地上全面建成了小康社会，历史性地解决了绝对贫困问题，正在意气风发向着全面建成社会主义现代化强国的第二个百年奋斗目标迈进"[1]。

中国共产党践行以人民为中心的价值观，不断推进全体人民实现共同富裕。习近平总书记多次强调，"人民对美好生活的向往，就是我们的奋斗目标"[2]。人是生物的人和社会的人的辩证统一，在生产力水平低下的时代，人民所向往的"美好生活"，在最朴实的意义上，就是充足的物质生活对人的生理需要的满足，给人民群众美好的生活就是给人民优越的物质生活；而当生

---

[1] 习近平：《在庆祝中国共产党成立100周年大会上的讲话》，《人民日报》2021年7月2日。
[2] 《习近平谈治国理政》第1卷，外文出版社2014年版，第4页。

产力水平不断发展到今天，人民群众所向往的"美好生活"，就更加意味着比较充实的精神生活对人的心理需要的满足，比较和谐的社会生活对人的社会需要的满足。因此，满足人民群众对物质生活和精神生活的需要，就是中国共产党奋斗的目标。实践证明，中国共产党经过不懈奋斗，不断扎实推进全体人民的共同富裕。改革开放以来，党和国家的工作重心转移为经济工作，确立了社会主义市场经济体制，打开了改革开放和社会主义现代化建设的新局面。党的十九大以来，随着我国主要矛盾的转化，着力解决好发展不平衡不充分的问题，着力提高发展质量和效益，更好地满足人民群众在经济、政治、文化、社会、生态等方面的需要，更好地推动人的全面而自由的发展，是我们党发展的首要目标。因此，我们党始终围绕着以人民为中心的发展理念，进一步提出创新、协调、绿色、开放、共享的新发展理念，着力推动共同富裕，不断满足了人民对美好生活的向往，体现了中国特色社会主义制度的优势。

中国共产党践行以人民为中心的价值观，以中国式现代化全面推进中华民族的伟大复兴。"一个国家，一个民族，要同心同德迈向前进，必须有共同的理想信念作支撑。"①每个国家、民族在实现自身的现代化过程中，总是内含着该国家、民族的梦想和希冀，都要以该国家、民族的价值理念、精神追求和价值导引作为方向，都要以该国家、民族人民的价值目标、价值认同和价值取向作为前提。发展中国特色社会主义，实现中华民族伟大复兴，不仅仅是整个社会的共同理想和希望，而且是每个中国人民共同的价值选择和价值期待，由此不断激发全体人民的精神动力。中国共产党在推进现代化的过程中，不断激发人民的主体能

---

① 《习近平谈治国理政》第2卷，外文出版社2017年版，第323页。

动性，发挥人民的首创精神，涵养中国人民对中华文化的价值认同，不断推进中华民族的伟大复兴。中国人民的文化自信和文化自觉，是实现中国式现代化、创造中华文明辉煌的更基本、更深沉、更持久的精神力量，有助于弘扬中国精神、凝聚中国力量、开辟中国式现代化、创造人类文明新形态，不断激发更加强大的精神力量。正是中国人民不断将"物质力量"转化为"精神力量"，创造了一个又一个"中国奇迹"，从而更好地以中国式现代化不断推进中华民族的伟大复兴。

第三，为世界社会主义走出低谷打下了基础。

现代化和社会主义具有鲜明的世界性特征，当科学社会主义实现从理论到现实之时，社会主义便从一国到多国，进而成为改变世界的强大力量，中国式现代化的成效也就成为影响世界社会主义发展的直接因素。过去的苏联社会主义国家曾经在社会主义制度下取得了辉煌的发展成绩，但由于其自身放弃马克思主义再加上外在和平演变的影响，以致其无法持续在现代化进程中走在前列，从而影响了世界社会主义的历史命运。20世纪90年代，苏联解体、东欧剧变，世界社会主义发展陷入低谷，由此"社会主义衰败论""历史终结论""中国崩溃论"等论调在西方一度盛行，"历史将终结于资本主义"的主流论调甚嚣尘上。在实践领域，国际共产主义运动也遭到了重创。原有的社会主义阵营不复存在，15个社会主义国家只剩下5个。许多国家的共产党或丧失了执政地位，或陷于危机，共产党人的数量也急剧下降。同时，社会民主党的政治立场也发生了转变，逐渐放弃对资本主义的改造。可以说，世界社会主义发展进入了低谷期。

然而，中国共产党人顶住巨大的压力，依然坚持走社会主义道路，坚持社会主义的价值观。中国式现代化的实践成就表明，社会主义事业及其前途是光明的。中国共产党高举中国特色社会主义的伟大旗帜，不断探索总结发展社会主义的经验教训，在实践中带领中国人民开创了中国特色社会主义制度，走出了中国特色社会主义道路，开创了中国式现代化。

中国式现代化凭借自身优势展现出了科学社会主义在21世纪的强大生机与活力。首先，从性质上讲，中国式现代化属于中国共产党领导的社会主义现代化。历史表明，社会主义是实现国家现代化和中华民族伟大复兴的必由之路。社会主义是历史和人民的长期选择，凝聚着无数中国人民的奋斗与思考，是时代发展的必然要求。中国共产党是在实践中被检验并选择的大党，是中国特色社会主义事业的坚强领导核心。实践证明，没有共产党就没有新中国。中国式现代化的成功意味着世界社会主义力量的增强。虽然现代化肇始于西方发达国家，但实现现代化并非只有西方现代化一条路径。中国式现代化的"新民主主义—社会主义"走向决定了中国的现代化道路不同于西方现代化模式。

其次，中国式现代化是具有超大人口规模的现代化，中国式现代化人口超过西方式现代化国家人口总和。中国式现代化要把十几亿人口的大国变成社会主义现代化的强国，实现全体人民的共同富裕，这是前所未有的。众所周知，西方国家例如英国、美国完成工业化用了一个多世纪的时间，虽然西方国家的人口规模各有分殊，但总和都不及中国人口规模之大。在社会主义的人口大国完成现代化过程，将充分显示社会主义制度的优势。

再次，中国式现代化走的是和平发展道路，倡导全人类共同价值。从时间上看，中国秉持和平发展的理念，仅用几十年的时间就走完了西方发达国家几百年的工业化历程，创造了经济持续快速发展和社会长期稳定的双奇迹。社会主义中国的成功使全球朝着更加公平公正合理的方向发展，中国国际影响力日益提升，中国式现代化在世界范围内描绘了人类发展史上的壮美画卷，推动世界文明重心不断东移，中国特色社会主义的成就使得当前世界社会主义的力量在不断增强。

中国式现代化不断取得新成就，具有重大世界意义。中国不仅扛住了国外敌对势力蓄意搞垮中国的严峻考验，而且打开了中国特色社会主义发展的新局面，使整个世界范围内社会主义和资本主义的较量发生了有利于社会主义的重大转变，坚定了人们对中国特色社会主义的信心、对世界社会主义的信心。同时，中国的实践经验证明，马克思主义行，社会主义好，历史并不会终结于资本主义，反而是历史终结论被终结。面对世界百年未有之大变局和中华民族伟大复兴战略全局的两个大局，中国共产党和中国人民必将永续奋斗，不断推动新时代中国特色社会主义事业朝着光明的目标劈波斩浪、勇毅前行。

（三）为创造人类新文明作贡献

中国式现代化为创造人类新文明作出了新贡献，具体表现为：

第一，守正创新了马克思主义现代化理论。

现代化是"作为一个世界性的历史过程，是指人类社会从工业革命以来所经历的一场急剧变革，它以工业化为推动力，导致从传统农业社会向现代工业社会的全球性的大转变，它使工业主义渗透到经济、政治、文化、思想各个领域，引起深刻的相应变化"[1]。"现代"起于西方，"现代化"的概念也起源于西方，因而马克思最开始阐述"现代"指的也是西方资本主义的现代化，

---

[1] 罗荣渠：《现代化新论：中国的现代化之路（增订本）》，华东师范大学出版社2013年版。

马克思早在《〈黑格尔法哲学批判〉导言》中就提道,"没有同现代各国一起经历革命,却同它们一起经历复辟"①。这里的"现代各国"也就是当时英国、法国等爆发资产阶级革命的国家。马克思在之后的著作中还多次提到"现代私有制""现代经济学家""现代资本""现代工人""现代的世界市场""现代无产者""现代所有制""现代工业""现代文明""现代资产阶级社会"等概念。

在《共产党宣言》中,马克思预言"正像它使农村从属于城市一样,它使未开化和半开化的国家从属于文明的国家,使农民的民族从属于资产阶级的民族,使东方从属于西方"②。马克思认为各个民族以及国家都或早或晚纳入西方资本主义的体系当中,各个国家实现的现代化也只能是西方的现代化。马克思在探索中强调了"现代"的双面性和辩证性,在1853年的《不列颠在印度统治的未来结果》中,一方面,马克思赞扬英国的干涉肩负两个使命,"一个是破坏的使命,即消灭旧的亚洲式的社会;另一个是重建的使命,即在亚洲为西方式的社会奠定物质基础"③,把"农村的这种自给自足的惰性打破了";但是另一方面,马克思认为资产阶级文明的极端伪善和它的野蛮本性并不是人类的文明,这种还处于"史前史",并认为"只有在伟大的社会革命支配了资产阶级时代的成果,支配了世界市场和现代生产力,并且使这一切都服从于最先进的民族的共同监督的时候,人类的进步才会不再像可怕的异教神怪那样,只有用被杀害者的头颅做酒杯才能喝下甜美的酒浆"④。并寄希望于印度,不过最后

---

① 《马克思恩格斯文集》第1卷,人民出版社2009年版,第5页。
② 《马克思恩格斯文集》第2卷,人民出版社2009年版,第36页。
③ 《马克思恩格斯文集》第2卷,人民出版社2009年版,第686页。
④ 《马克思恩格斯文集》第2卷,人民出版社2009年版,第691页。

印度并没有走出自己的现代化道路，所以在1867年发表的《资本论》第一卷序言中马克思也指出"一个社会即使探索到了本身运动的自然规律——本书的最终目的就是揭示现代社会的经济运动规律——它还是既不能跳过也不能用法令取消自然的发展阶段，但是它能缩短和减轻分娩的痛苦"①。此时，他也认为世界落后国家只能先走市场化、现代化道路，他写《资本论》只是通过洞察资本主义经济运行的规律，借鉴经验，让这些国家缩短资本主义发展的路程。面对未来共产主义社会，马克思先寄希望于西欧发达国家工人同时起义，但他当时并没有寄希望于东方落后国家率先建立共产主义社会。

而正当19世纪70年代到80年代，英国、法国、德国等都进行第二次工业革命，西欧各国经济腾飞，无产阶级革命逐渐归于沉寂之际，相对于西方落后的俄国却由于各种矛盾的交织，革命运动如火如荼蓬勃发展，这个时候马克思把目光开始转向俄国。面对俄国未来该走什么样的道路，自由派和民粹派也争论不休，自由派认为首先得摧毁农村公社以过渡到资本主义制度，而民粹派认为俄国能够在古老的村社的基础上走一条和西方社会根本不同的道路，直接过渡到社会主义。对此，马克思于1877年在《给〈祖国纪事〉杂志编辑部的信》中指出，"我得出了这样一个结论：如果俄国继续走它在1861年所开始走的道路，那它将会失去当时历史所能提供给一个民族的最好的机会，而遭受资本主义制度所带来的一切灾难性的波折"②。而1881年的《给维·伊·查苏利奇的复信》中，马克思详细说明"公社是俄国社会新生的因素和一种优于其他还处在资本主义制度奴役下的国家的因

---

① 《马克思恩格斯文集》第5卷，人民出版社2009年版，第10页。
② 《马克思恩格斯文集》第3卷，人民出版社2009年版，第464页。

素"①,"它能够不通过资本主义制度的卡夫丁峡谷,而占有资本主义制度所创造的一切积极的成果"②,同时,公社在资本主义发展的情况下也在不断加快瓦解。在这种情况下,马克思指出,"要挽救俄国公社,就必须有俄国革命……如果革命在适当的时刻发生,如果它能把自己的一切力量集中起来以保证农村公社的自由发展,那么,农村公社就会很快地变为俄国社会新生的因素,变为优于其他还处在资本主义制度奴役下的国家的因素"③。另外,马克思、恩格斯在《共产党宣言》1882年俄文版序言中进一步补充指出,"假如俄国革命将成为西方无产阶级革命的信号而双方互相补充的话,那么现今的俄国土地公有制便能成为共产主义发展的起点"④。也就是说,虽然俄国有公社这个有利的条件,但是,俄国要想实现"跨越卡夫丁峡谷",走不同于西方的资产阶级道路,就得需要内部爆发俄国革命,外部和西方无产阶级革命一起相互补充。

马克思在对俄国未来发展道路思考的基础上,也对各国社会发展道路的特殊性和多样性进行了哲学上的思考。他于1877年在《给〈祖国纪事〉杂志编辑部的信》中指出,"他一定要把我关于西欧资本主义起源的历史概述彻底变成一般发展道路的历史哲学理论,一切民族,不管它们所处的历史环境如何,都注定要走这条道路,——以便最后都达到在保证社会劳动生产力极高度发展的同时又保证每个生产者个人最全面的发展的这样一种经济形态"⑤。考虑到各国社会发展道路的多样性,以及相应的条件

---

① 《马克思恩格斯文集》第3卷,人民出版社2009年版,第571页。
② 《马克思恩格斯文集》第3卷,人民出版社2009年版,第580页。
③ 《马克思恩格斯文集》第3卷,人民出版社2009年版,第582页。
④ 《马克思恩格斯文集》第2卷,人民出版社2009年版,第8页。
⑤ 《马克思恩格斯文集》第3卷,人民出版社2009年版,第466页。

下，在当时就是能否把握住"历史走向世界历史"以及和资产阶级共存的大背景下，利用一切本国的积极因素和条件，基于尊重政治经济学一般规律，把握住机会，从而实现突破与"跨越"。因此，马克思对于不同国家的现代化之路进行了较为长期而深入的思考和探索，晚年尤其对东方社会的现代化道路做过细致研究，认为东方社会可以不通过资本主义制度直接进入社会主义。

中国共产党继承和发展了马克思主义的现代化理论，走出了一条不同于西方资本主义对外侵略扩张、追求零和博弈的新路径，创造了人类文明新形态。作为人类伟大的思想家，马克思不仅发现了人类社会历史的发展规律和资本主义的发展规律，并以此为根基提出了实现人的解放和人的全面发展的伟大社会理想，还指明了实现自由和解放的现实道路。中国式现代化的最坚实的理论根基，就是依据马克思所揭示的人类社会发展的客观规律，在解决生产力与生产关系、经济基础与上层建筑的矛盾中不断推进社会的全面进步和人的全面发展。"中国共产党为什么能，中国特色社会主义为什么好，归根到底是因为马克思主义行！"[①]中国式现代化，从根本上说，是以马克思主义为指导思想的现代化，是为实现人民对美好生活向往而奋斗的现代化。正是坚持和发展了中国化时代化的马克思主义，中国不仅从根本上改变了"东方从属于西方"的世界格局，实现了从"站起来"到"富起来"再到"强起来"的历史性跨越，而且为解决世界性的现代化难题贡献中国方案，开辟和推进了中国式现代化。

第二，超越了苏联东欧现代化并开创了中国式现代化。

随着20世纪的到来，中国和苏联东欧国家都开始了现代化

---

① 习近平：《在庆祝中国共产党成立100周年大会上的讲话》，《人民日报》2021年7月2日。

的进程。然而，中国的现代化道路与苏联东欧国家的现代化道路有着很大的不同。中国的现代化道路是在中国特有的历史、文化和社会背景下走出来的，它超越了苏联东欧国家的现代化模式，成为了一种独特的现代化模式。这种独特的现代化模式的形成，与中国现代化蕴含的价值观密不可分。

苏联东欧国家的现代化道路是以社会主义为指导思想的，其现代化道路是在社会主义政治制度下进行的。而中国的现代化道路具有鲜明的中国特色，中国的现代化道路是在中国共产党领导下，以马克思主义和中国特色社会主义为指导思想。中国的现代化道路是在中国特有的政治制度下进行的，它是在中国的历史、文化和社会背景下形成的。苏联东欧国家的现代化道路是以计划经济为主导，其现代化道路是在高度集中的计划经济的基础上进行的。而中国的现代化道路是在中国特色社会主义市场经济的基础上进行的。苏联东欧国家的现代化道路受到西方文化的影响较大，特别是在其发展的后期。而中国的现代化道路是在传承和发展自己的文化传统，同时吸收和借鉴国外文化成果基础上形成的。中国的现代化道路基于中国传统文化，这种传统文化是在中国的历史、文化和社会背景下形成的。以上的不同点，使得中国的现代化道路与苏联东欧国家的现代化道路有着显著的差别。中国的现代化道路是在中国特有的历史、文化和社会背景下坚持社会主义市场经济改革走出来的，它超越了苏联东欧国家把马克思主义教条化到放弃马克思主义的现代化，中国式现代化成为了一种独特的现代化模式。

在实践过程中，中国的现代化规避了苏联模式的弊端，它超越了苏联东欧国家的现代化模式。其中，中国现代化蕴含的价值观在中国的现代化道路中发挥了重要的作用，它融合了儒家、道家和佛家等思想。

儒家思想强调的是人的道德修养和社会责任。在中国的现代化道路中，儒家思想对于中国的政治制度和社会发展起到了重要的作用。中国的政治制度是以中国共产党领导下的中国特色社会主义为指导思想的，这种政治制度强调的是人的道德修养和社会责任，这与儒家思想是相符合的。

道家思想强调的是自然和谐和人与自然的关系。在中国的现代化道路中，道家思想对于中国的环境保护和可持续发展起到了重要的作用。中国的现代化道路立足于中国特有的环境背景下，中国环境问题的应对和处理任重道远。在中国的现代化道路中，道家思想体系的内涵对于中国的环境保护起到了积极的作用。

佛家思想在中国历史上有着深远的影响，它强调的是人类内在的精神和道德修养，这与现代化的核心价值观有很大的关联。首先，佛家思想强调个人内在的修养和自我完善，这与现代化的自我实现的价值观相符合。在现代社会中，个人的自我实现和自我价值的认可是非常重要的，佛家思想可以帮助人们更好地理解自己的内在需求和价值。其次，佛家思想强调人类之间的互相尊重和关爱，这与现代化的社会和谐和人类共存的价值观相符合。在现代社会中，人类之间的关系变得越来越复杂，佛家思想帮助人们更好地理解和尊重他人，从而促进社会和谐和人类共存。再次，佛家思想强调的是内在的平静和冥想，这与现代化的压力缓解和心理健康的价值观相符合。在现代社会中，人们面临着各种各样的压力和挑战，佛家思想帮助人更好地处理这些问题，从而有助于保持心理健康和促进生活质量的提高。最后，佛家思想强调的是对自然和环境的尊重和保护，这与现代化的可持续发展和环境保护的价值观相符合。在现代社会中，由于人地关系不和谐，环境问题越来越严重，佛家思想帮助人们更好地理解和尊重自然，从而促进可持续发展和环境保护。因而，佛家思想在中国的现代化进程中发挥着重要的作用，它可以帮助人们更好地理解自己和世界的关系，从而促进个人和社会的发展和进步。

因此，虽然苏联现代化模式曾在特定的时间内取得了一定的成效，但机械教条、高度集中的弊端也逐渐暴露。最终受到国内外多种因素的影响，苏联东欧的现代化模式走向了终结。而中国作为最大的社会主义国家，将马克思主义的普遍真理与中国具体实际相结合、与中华优秀传统文化相结合，在政治、经济、文化等方面都实现了突破，走出了具有中国特色的现代化道路，开创了人类文明新形态。

第三，超越西方现代化开创了人类新文明。

随着中国的崛起，越来越多的人开始关注中国的现代化进程。中国的现代化不是西方现代化的复制，而是在西方现代化的基础上，创造了一种崭新的现代化文明形态，从而开创了人类文明的新形态。

中国现代化的历史可以追溯到19世纪末的戊戌变法。当时，中国处于内忧外患的严峻局面，国家的政治、经济、文化等各个方面都面临着巨大的挑战。为了摆脱半殖民地半封建的状态，中国近代开始了一系列的现代化改革探索。然而，由于各种原因，这些改革并没有取得预期的效果，中国的现代化进程一度停滞不前。十月革命一声炮响，给中国送来了马克思列宁主义，中国共产党带领全国人民实现了民族独立与解放，中华民族迎来了伟大复兴的最好时代。改革开放以来，中国经济的发展速度惊人，人民生活水平不断提高，创造了经济长期快速发展与社会长期稳定的两大世界奇迹，中国国际地位也得到了显著提升，中国式现代化的巨大成就，成为全世界最为引人注目的现象之一。

中国式现代化与西方式现代化模式截然不同。中国的政治制度是社会主义制度，与西方的自由民主的资本主义制度完全不同。中国的政治制度强调人民民主，注重人民群众的参与和监督，也在不断改革和完善，逐步实现了权力制约和权力透明。中国实行社会主义市场经济，但与西方的资本主义市场经济完全不同，中国的市场经济强调国家的宏观调控，注重公共服务和社会保障。当前，中国的经济也在不断创新和发展，逐步实现了从低端制造业到高端制造业、从劳动密集型产业到技术密集型产业的转型升级。中国的文化汲取了世界优秀文明的优点，但也有着自己鲜明的特点，特别在习近平总书记强调"两个结合"以来，中国共产党更加强调传统文化的传承和创新，注重文化自信和文化传播，中国的文化也在不断开放和融合，逐步实现了从本土文化到国际文化的转变。中国的社会是公平和稳定的，党的二十大报告强调，"健全覆盖全民、统筹城乡、公平统一、安全规范、可持续的多层次社会保障体系"①，中国的社会强调公共服务和社会保障，注重社会和谐和社会责任，在发展中不断改善和保障民生。

中国式现代化之所以能超越西方式现代化，就在于其发展的价值观与西方国家有着明显的不同。在中国的发展过程中，价值观的影响是不可忽视的因素。中国的发展价值观主要包括儒家思想、社会主义核心价值观和全人类共同价值等。这些价值观的影响，使得中国的现代化，不仅仅是在技术和经济上取得了巨大的进步，更是在文化和社会方面实现了显著的超越。

---

① 习近平：《高举中国特色社会主义伟大旗帜　为全面建设社会主义现代化国家而团结奋斗——在中国共产党第二十次全国代表大会上的报告》，人民出版社2022年版，第48页。

首先是儒家思想的影响。儒家思想是中国传统文化的重要组成部分，其影响贯穿了中国的历史和文化。儒家思想强调人的道德修养和社会责任，注重家庭、社会和国家的和谐发展。在中国的现代化进程中，儒家思想对于中国的发展价值观产生了深远的影响。一是儒家思想强调人的道德修养和社会责任，这与西方国家的个人主义价值观形成了鲜明的对比。在中国的现代化进程中，儒家思想的影响使得中国的社会更加注重人的道德和社会责任，这有助于完善个人道德修养，进而维护社会和谐。二是儒家思想注重家庭、社会和国家的和谐发展，这与西方国家的竞争和利益至上的价值观形成了对比。在中国的现代化进程中，受儒家思想的影响，中国更加注重社会的和谐和稳定，这有助于维护社会的稳定和发展。三是儒家思想注重人的自我完善和自我实现，这与西方国家的功利主义价值观形成了对比。在中国的现代化进程中，儒家思想的影响使得中国更加注重人的自我完善和自我实现，这有助于提高人的素质和创造力，推动中国的现代化进程。

其次是社会主义核心价值观的影响。社会主义核心价值观是中国现代化进程中的重要组成部分，其影响贯穿了中国的政治、经济和社会发展。在中国的现代化进程中，社会主义核心价值观对于中国的发展价值观产生了深远的影响。一是社会主义是社会主义核心价值观的核心内容，它强调的是公有制和计划经济，这与西方国家的市场经济和私有制形成了鲜明的对比。在中国的现代化进程中，社会主义核心价值观的影响使得中国更加注重公有制和计划经济，这有助于实现资源的合理配置和社会的公平和正义。二是社会主义核心价值观注重社会公平，这与西方国家的自由主义价值观形成了对比。在中国的现代化进程中，社会主义核心价值观的影响使得中国更加注重社会福利和社会公平，这有助于提高人民的生活水平和社会的稳定和谐。三是社会主义核心价值观注重社会责任和社会义务，这与西方国家的利己主义价值观形成了对比。在中国的现代化进程中，社会主义核心价值观的影响使得中国更加注重社会责任和社会义务，这有助于维护社会的稳定与和谐。

再次是中国特色社会主义价值观的影响。中国特色社会主义是中国现代化进程中的重要组成部分，社会主义核心价值观强调中国特色和中国道路，中国作为一个拥有悠久历史和文化的国家，其发展的价值观与西方国家有着明显的不同。党的二十大报告指出，"社会主义核心价值观是凝聚人心、汇聚民力的强大力量"[①]，要不断弘扬以伟大建党精神为源头的共产党人精神谱系，深化爱国主义、集体主义和社会主义核心价值观的教育，使中国人民更加凝心聚气，团结奋斗，不断开创中国特色社会主义事业的成功。在中国特色社会主义核心价值观的引领和影响下，中国不仅在经济和科技方面取得了巨大的进步，更是在文化和社会方面实现了超越。因此，中国式现代化，与西方式现代化是完全不同的现代化，而且事实证明，西方式现代化并非是定于一尊的模式，中国式现代化超越了西方式现代化，开创了人类新文明。

---

① 习近平：《高举中国特色社会主义伟大旗帜　为全面建设社会主义现代化国家而团结奋斗——在中国共产党第二十次全国代表大会上的报告》，人民出版社2022年版，第44页。

后　记

本书是中共重庆市委常委、宣传部长姜辉主编的"中国式现代化'六观'"丛书之一。

全书写作分工如下：中国社会科学院金融研究所党委书记、副所长、研究员龚云负责全书提纲、统稿、导论和后记撰写；中国社会科学院大学马克思主义学院2021级博士生胡孝鑫负责第一章、第二章撰写；中国社会科学院大学马克思主义学院2022级博士生胡力捷负责第三章撰写；中国社会科学院哲学研究所纪委书记、副所长、研究员冯颜利负责第四章、第五章撰写。

由于作者龚云工作变动，加之成书时间有限，本书难免会有疏漏之处，请方家指正！

感谢丛书主编姜辉同志的邀请，感谢冯颜利研究员的大力支持，感谢中共重庆市委宣传部、重庆出版集团为本书的顺利出版付出的辛劳！

2023年秋于北京